GONÇALVES DIAS

Gonçalves Dias: Canção do exílio e outros poemas

Copyright © 2023 by Gonçalves Dias

Copyright © 2023 by Novo Século Editora Ltda.

Editor: Luiz Vasconcelos
Gerente editorial: Letícia Teófilo
Coordenação editorial: Driciele Souza
Produção editorial: Gabrielly Saraiva
Tradução de língua estrangeira: Hidson Guimarães
Preparação: Walace Pontes
Revisão: Paula Queiroz
Diagramação: Marília Garcia
Capa: Ian Laurindo
Imagem de capa: Molibdenis-Studio / Shutterstock
Imagem de orelha: Antonio de Souza Lobo / Instituto Moreira Salles / Coleção Martha e Erico Stickel

Texto de acordo com as normas do Novo Acordo Ortográfico da Língua Portuguesa (1990), em vigor desde 1º de janeiro de 2009.

Dados Internacionais de Catalogação na Publicação (CIP)
Angélica Ilacqua CRB-8/7057

Dias, Gonçalves, 1823-1864
Gonçalves Dias: Canção do exílio e outros poemas / Gonçalves Dias. -- Barueri, SP: Novo Século, 2023.
320 p.

ISBN 978-65-5561-626-2

1. Poesia brasileira 2. Romantismo I. Título

23-3996 CDD-B869.1

Índice para catálogo sistemático:
1. Poesia brasileira

GRUPO NOVO SÉCULO
Alameda Araguaia, 2190 – Bloco A – 11º andar – Conjunto 1111
CEP 06455-000 – Alphaville Industrial, Barueri – SP – Brasil
Tel.: (11) 3699-7107 | E-mail: atendimento@gruponovoseculo.com.br
www.gruponovoseculo.com.br

uma marca do Grupo Novo Século

GONÇALVES DIAS

Canção do exílio e outros poemas

ns

São Paulo, 2023

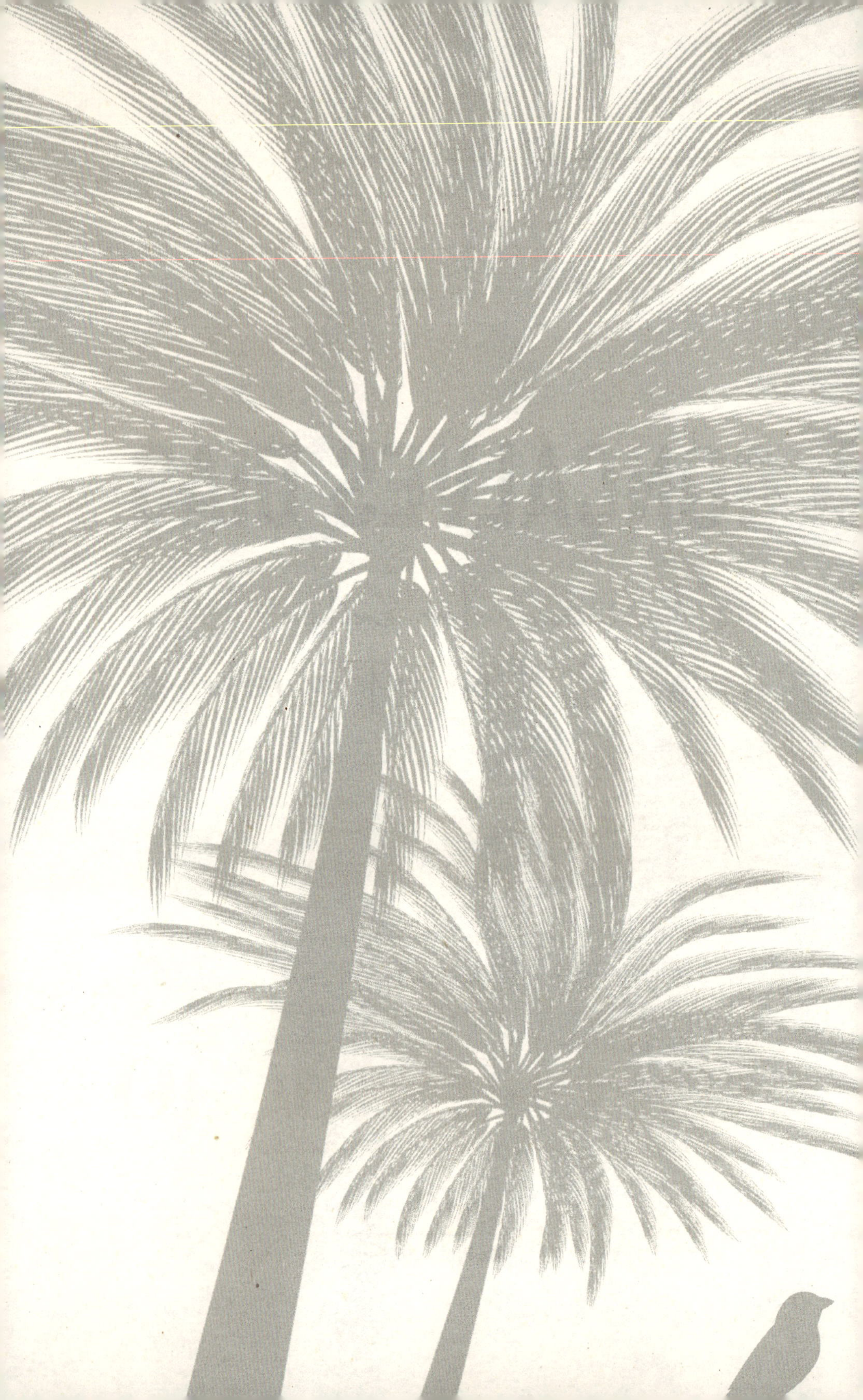

Apresentação

por Gisele Gemmi Chiari

Sobre o autor

O poeta, dramaturgo, professor, jornalista e etnógrafo Antônio Gonçalves Dias nasceu em 10 de agosto de 1823, no sítio Boa Vista, que ficava nos arredores da cidade de Caxias (antiga Aldeias Altas), no Maranhão. Filho natural do comerciante português João Manuel Gonçalves Dias e da cafuza Vicência Ferreira.

Gonçalves Dias iniciou o aprendizado das primeiras letras aos 7 anos. Em 1835, começou a estudar latim, francês e filosofia; em outubro de 1838, entrou para o Colégio das Artes de Coimbra, onde estudou letras clássicas e latim. Nesse ínterim, também teve aulas particulares de retórica, filosofia e matemática. De 1840 a 1844, cursou direito na Universidade de Coimbra e, em seguida, recebeu o grau de bacharel em ciências jurídicas. Relacionou-se com os grupos da *Gazeta Literária* e do medievalista *O Trovador*. Em Portugal, não só estudou italiano e alemão, como também frequentou o teatro e viveu toda efervescência da literatura romântica. Também iniciou sua produção literária, incluindo o início do romance *Memórias de Agapito Goiaba* (1842), a célebre "Canção do exílio" (1843) e dois dramas, a saber, *Patkull* e *Beatriz Cenci* (1843).

Depois que retornou para o Brasil em 1845, passou pelas cidades de Caxias e de São Luís no Maranhão, onde colaborou com alguns jornais, retocou o drama *Beatriz Cenci* e iniciou a escrita de *Meditação*. Em seguida, muda-se para o Rio de Janeiro em julho. Quando chegou à capital do Império, enviou os *Primeiros cantos* ao prelo em agosto, submeteu *Beatriz Cenci* ao Conservatório Dramático em setembro e, por fim, *Leonor de Mendonça* em novembro. Nesse mesmo mês, recebe a recusa do Conservatório em relação à *Beatriz*, julgada imoral para subir à cena. *Leonor*, felizmente, foi aprovada; mas João Caetano, com evasivas e escusas ao poeta, inviabilizou a encenação da peça.

Em janeiro de 1847 saíram os *Primeiros cantos*. Em setembro do mesmo ano, torna-se sócio do Instituto Histórico Geográfico Brasileiro. Além disso, ocupou o cargo de secretário e professor adjunto de latim no Liceu de NiteRói. No mês de setembro, imprime a peça *Leonor de Mendonça*; no ano seguinte, publica os *Segundos cantos* e as *Sextilhas de Frei Antão*. Em1849, não só foi nomeado professor de latim e história do Colégio Pedro II, como também fundou — em parceria com Macedo e Porto-Alegre — a revista *Guanabara*, veículo no qual publicou os fragmentos de *Meditação* e em que permaneceu até junho de 1850, ano marcado pela finalização da sua última produção teatral, *Boabdil*.

Em 1851, publica os *Últimos cantos;* em março, segue para as províncias do norte em missão oficial. Em dezembro de 1852, foi nomeado oficial da Secretaria dos Negócios Estrangeiros. Permanece na Europa de 1854 a 1858 para cumprir a missão não apenas de pesquisar os métodos de instrução pública em diversos países europeus, mas também de encontrar uma documentação relativa à história do Brasil. Na passagem por Leipzig, em 1857, entrega ao livreiro-editor Brockhaus os *Cantos*, o *Dicionário da língua tupi* e os quatro primeiros cantos de *Os Timbiras,* publicados, respectivamente, em abril, junho e outubro daquele ano. Ao voltar ao Brasil, em 1858, participa da Comissão Científica de Exploração entre os anos de 1859 e 1861 e, por isso, viaja pelo norte do país. Em 1862, retorna à Europa, onde consultou médicos e frequentou estações de cura na tentativa de recuperar a saúde, já bastante debilitada. Entrementes, concluiu a tradução de *A noiva de Messina*, de Schiller. Em 1864, no Havre, embarcou para o Brasil no navio *Ville de Boulogne*, que naufragou, no Baixio de Atins, nas costas do Maranhão. Única vítima do desastre, faleceu em 03 de novembro de 1864.

A musa errante de Gonçalves Dias

Antônio Gonçalves Dias nasceu no Maranhão, próximo à cidade de Caxias, em 10 de agosto de 1823. Nascido da união entre um comerciante português e uma brasileira mestiça, reuniria assim o sangue das três raças. Esse fato e o sucesso de suas poesias, sobretudo o conjunto das "Poesias americanas", serviram como matéria para associar a imagem do poeta à do nacionalismo nascente.

Segundo Faria (2012, p. 160), o próprio Gonçalves Dias, quando escreve uma nota autobiográfica a pedido do francês Ferdinand Denis, faz questão de relacionar seu nascimento ao da pátria, que se iniciaria com a independência em 1822 e se consolidaria com a adesão do Maranhão, último reduto português, em agosto de 1823.

> As províncias do norte do Brasil foram as que mais tarde aderiram à independência do Império. Caxias, então chamada Aldeias Altas no Maranhão, foi a derradeira. A independência foi ali proclamada depois de uma luta sustentada com denodo por um bravo oficial português que ali se fizera forte. Isto teve lugar à [*sic*] 1º de Agosto de 1823. Nasci a 10 de agosto desse ano. (DIAS *apud* PEREIRA, 1943, p. 9).

O artigo de Alexandre Herculano sobre os *Primeiros cantos* (1847), publicado na *Revista Universal Lisbonense* em 30 de novembro do mesmo ano, além de consolidar o sucesso da obra, reforçou a imagem de uma poesia que marcaria o "futuro literário do Brasil" em contraponto a Portugal, "o velho aborrido e triste, que se volve dolorosamente no seu leito de decrepidez". Nesse sentido, as poesias de Gonçalves Dias representariam a imagem da jovem nação em contraposição à velha metrópole. De alguma forma, o artigo de Herculano reverbera a lógica da "Canção do exílio", poesia de abertura da obra poética gonçalvina, a qual, a partir da oposição entre cá e lá, entre identidade e alteridade, afirma a peculiaridade e a superioridade da terra natal.

Segundo Chauvin (2022, n.p.), a trajetória artística e profissional de Dias foi amoldada à própria história do país, de forma que a data do seu nascimento se relaciona com a independência do Brasil, e o ano de sua morte (1864) com o processo de declínio do império brasileiro, marcado pela Guerra do Paraguai.

Embora no autor houvesse uma vontade de assumir o papel de maior poeta do Brasil, essa interpenetração entre a vida do poeta e a configuração de nosso nacionalismo deve-se a diversos fatores, como o programa político-cultural do império brasileiro e as próprias características estético-ideológicas do Romantismo. As "Poesias americanas" foram ao encontro da demanda de criação de uma mítica nacional, da qual Gonçalves Dias passou a fazer parte, desde então, como um poeta fundador. Conforme observou Marques (2010, p. 21): "Nada é mais poderoso para a implantação de uma nova ordem, tanto política quanto estética, numa determinada realidade social, do que a criação de símbolos".

Se por um lado as poesias indianistas e de contemplação da natureza local foram lidas, propagadas e valorizadas como expressão de nacionalismo, a sua poesia lírico-amorosa foi interpretada por um viés biografista, como no caso do célebre poema "Ainda uma vez — adeus!". Nesse sentido, os elementos de poética, pesquisa e criação estética abordados pelo poeta foram escamoteados ou minorados. Assim, a mestiçagem lhe imprimia certos traços de caráter, como o orgulho e a melancolia, bem como a origem humilde. O imperativo de abandonar a mãe para — ainda criança — ir morar com o pai e a madrasta, somado às aventuras e desventuras amorosas, explicaria o teor de sua produção literária, como exemplifica a citação a seguir:

> Teve uma infância infeliz, criado num ambiente familiar deficiente, agravada por ter sido separado da mãe (índia cafuza ou guajajara) ainda de tenra idade, pois o pai abandonara a pobre Vicência para formar um lar nas bases legítimas do casamento. A par da obscuridade de nascimento e raça — o que muito vi marcar sua vida e obra — os seus amores, em parte contrariados, vão entranhar também a sua poesia de uma melancolia e ao mesmo tempo sentimentalismo pessimista de que jamais consegue despegar-se. (SILVA, 1973, p. 403).

Para além dessas perspectivas ainda predominantes nos manuais escolares e no senso comum, a fortuna crítica do autor, sobretudo nos tempos atuais, vem apresentando outras leituras sob a consideração dos aspectos histórico-contextuais de produção e recepção da obra, assim como as influências e escolhas estéticas realizadas pelo poeta maranhense.

Antonio Candido assevera (1943 *apud* PERES, 2003, p. 192), em acordo com Sílvio Romero, que Gonçalves Dias era sobretudo um poeta lírico; destarte, mesmo no caso de "Os Timbiras", haveria uma "liricização da epopeia" que a acomoda à sensibilidade romântica. No entanto, Manuel Bandeira (1952 *apud* DIAS, 1998, p. 57) observou que, em toda poesia de inspiração indianista do poeta maranhense, o ritmo é marcadamente ternário, anapéstico, o que empresta aos poemas um movimento belicoso, combativo, orgulhoso; em suma, épico.

Oliveira (2006, p. 87-91), comparando a poesia indianista à produção colonial, propõe que, ao tentar trazer a ideologia dos colonizados e chamar a atenção para o efeito catastrófico da colonização para os povos originários, Dias apresenta uma inversão ideológica em sua produção literária em relação ao ponto de vista do colonializador, e esse enfoque é transmitido nas crônicas de viagem, em tratados de história e nos principais poemas épicos do Brasil-Colônia. Além da inovação das ideias, o poeta também teria inovado no plano estético ao trazer recursos como "a musicalidade, a simplicidade estrutural e a utilização de vocábulos de origem indígena", para emular o primitivismo americano. Essa opção se perfilharia à visão herderiana de que o esplendor da poesia teria se dado nas sociedades primitivas, já que nelas se daria a expressão da natureza integral de um grupo social ou de um povo, a expressão de um *ethos* original ainda não corrompido. Nessa perspectiva, o conceito de poesia popular não abrange apenas a produção folclórica; outrossim, abarca grande parte dos textos bíblicos do Velho Testamento, as epopeias, as tragédias e a lírica dos gregos antigos, as baladas inglesas e escocesas. Entre estas, inclusive, estão os fragmentos ossiânicos, de James Macpherson, bem como a poesia de Dante Alighieri, as canções isabelinas, além dos romances e das líricas medievais.

É esta abertura conceitual acerca do primitivismo que faz com que se encontrem na poesia indianista de Gonçalves Dias elementos comuns à poesia medieval, não apenas no que diz respeito à caracterização dos heróis, como também no que concerne a diversos elementos formais. Tal aproximação, que é sempre ressaltada pela crítica, contudo, não pode fazer com que se perca de vista o fato de que um dos grandes modelos das "Poesias americanas", principalmente de "Os Timbiras", é a Ilíada, de Homero, fato ainda inexplorado pela crítica do poeta maranhense. (OLIVEIRA, 2006, p. 91).

Vale lembrar ainda a importância do ensaio escrito por Friedrich Schiller, "Poesia ingênua e sentimental", publicado na revista literária *As Horas* entre os números de novembro e dezembro de 1795 e de janeiro de 1796, em que o autor alemão procura esclarecer a relação entre a poesia moderna, de cunho predominantemente sentimental, e a arte dos gregos antigos, ingênua. Entretanto, o paralelo entre poesia sentimental, de um lado, e poesia ingênua, de outro, não seria uma questão histórica, mas sim um modo de criação poética, porque difere da visão dos irmãos Schlegel, que fazem a distinção entre clássicos e românticos sob uma perspectiva sócio-temporal (SÜSSEKIND, 2011, p. 6-8). O que nos interessa sopesar aqui, pensando na relação da poética gonçalvina indianista — e medievalista —, é a tentativa de realizar uma poesia próxima à natureza, mas que, ao fim e ao cabo, não deixa de ser sentimental porque é moderna, ou seja, produto de artifício intelectual, transformação de conceitos em sentimentos; e isto dá a impressão de, pelo esforço do gênio, serem espontâneas. Assim, as "Poesias americanas" e as *Sextilhas de Frei Antão* seriam exemplos desse empenho em elaborar uma poesia que emulasse a natureza, a simplicidade, a rudeza e, ao mesmo tempo, a singeleza, seja do cantar indígena, seja do bardo medieval.

A poesia primitivista e sentimental de Gonçalves Dias assume um cariz, a nosso ver, medievalista. A partir dessa perspectiva, considera-se a trajetória de formação e da produção artístico-literária do poeta para compreender a constituição de seu programa estético. Durante o período em que viveu em

Portugal, tomou relações com os grupos da *Gazeta Literária* e d'*O Trovador*, periódicos dirigidos, respectivamente, por José Freire de Serpa Pimentel e João de Lemos, o que vincula Dias ao medievalismo coimbrão. O interesse do autor dos *Primeiros cantos* por poemas que versam sobre a Idade Média provavelmente foi impulsionado pela participação no grupo de acadêmicos de Coimbra que editavam *O Trovador*, pois a semelhança entre a escolha de temas, métrica e vocabulário é bastante aparente.

Os motivos geralmente são inspirados por lendas, crônicas antigas ou romances populares portugueses. Com relação à estrutura dos poemas de *O Trovador*, as estrofes, em sua maioria, são dispostas em quadras, sextilhas ou oitavas; os versos heptassilábicos são os preferidos. Note-se ainda o recorrente emprego de refrães e construções paralelísticas. Essas características, caras à poesia trovadoresca, sobretudo nas cantigas de amigo, aparecem nas composições de Gonçalves Dias, como em "Inocência", "Pedido", "Seus olhos", "A leviana", "O trovador", "Rosa no mar" (CHIARI, 2008, p. 37). Dito de outro modo, a sua poética recupera recursos da velha tradição peninsular, como a preferência pela redondilha maior e o decassílabo, a rima consoante e toante, o encadeamento e o paralelismo, recursos que, juntamente com o uso do anapesto, marcam a musicalidade e a vivacidade de sua poesia. Some-se a isso a tendência à variação dos metros e das estrofes em uma mesma produção.

Além da participação do autor nesse grupo de medievalistas, é necessário considerar o diálogo de Dias com os próceres do romantismo português: Almeida Garrett e Alexandre Herculano, autores que desenvolveram uma literatura medievalista significativa. Aliás, Gonçalves Dias foi um grande admirador da obra herculiana; ambos buscaram encontrar, através de pesquisa histórico-etnográfica, os princípios de *Volksgeist* (espírito do povo) — conceito herderiano que Herculano traduziu por "índole". A valorização da história e da particularidade de cada povo sustenta a curiosidade em relação à Idade Média, pois esta marca um período de formação dos povos e nações, isto é, o momento de rompimento com a cultura clássica universalista (greco-romana), de formação de territórios europeus, de ascensão do cristianismo e de definição das línguas neolatinas (CHIARI, 2008, p. 36).

Essa etapa formativa da trajetória de Gonçalves Dias é fundamental para compreendermos a sua poética, pois as experiências estéticas vivenciadas pelo autor durante a sua permanência em Portugal reverberam em toda a sua produção literária. A sua relação com o medievalismo coimbrão, por exemplo, está presente inclusive na configuração de seu indianismo, em que o indígena é retratado como um homem leal e brioso tal qual um cavaleiro medieval, conforme demonstram os poemas constantes nesta antologia, "O canto do guerreiro", "I-Juca-Pirama", "Canção do tamoio" e *Os Timbiras*. Outrossim, isto ocorre nas confidências amorosas de um eu-lírico feminino indígena que canta à maneira das vozes femininas das cantigas de amigo, como é possível vislumbrarmos em "Leito de folhas verdes".

De forma mais explícita, esse medievalismo é a base para a escrita das *Sextilhas de Frei Antão*, cujos temas — assim como a ambiência e a linguagem — emulam histórias de um Portugal medieval ou do início da Idade Moderna. Nesse sentido, deve-se considerar não só a voga dos poemas ossiânicos de James Macpherson, mas ainda o movimento de recolha e pesquisa das literaturas orais como motivadores das sextilhas gonçalvinas. Aspectos medievalistas ou de valorização de uma poesia da natureza, primitivista, estão presentes em sua poesia lírica, bem como em sua produção dramática. Vale lembrar que, em Portugal, o drama histórico de cunho medievalista — e o melodrama — constituiu quase exclusivamente o repertório dos teatro durante a década de 1740.

Tanto a grande voga de *Os sofrimentos do jovem Werther* (1774), de Goethe, de *Os bandoleiros* (1781), de Friedrich Schiller, entre outras obras de outros autores alemães, quanto o sucesso do estudo de Madame de Staël, intitulado *Da Alemanha* (1813), devem ter contribuído para que Gonçalves Dias se entusiasmasse e, por consequência, se lançasse ao estudo do alemão a partir de 1843. Para além da leitura das obras germânicas no original, Gonçalves Dias dedicou-se à tradução de textos literários alemães; verteu para o português poemas de Herder, Kosegarten, Uhland, Heine e a tragédia *A noiva de Messina: ou Os irmãos inimigos*, de Schiller.

A relação com a obra dramática schilleriana não se esgota na tradução de *Die Braut von Messina*. Pode-se dizer que todos os dramas escritos por Gonçalves Dias dialogam com a dramaturgia do autor de *Maria Stuart* em maior ou menor grau, sobretudo porque retiram da História fatos que condicionam seus protagonistas, homens e mulheres que lutam por liberdade, frente à fatalidade. *Patkull* (1843), primeiro drama escrito por Gonçalves Dias, reproduz o fio condutor do teatro de Friedrich Schiller de "grandes conflitos individuais inseridos num fundo histórico, e moralmente exaltando a purificação interior da consciência que triunfa sobre a fúria cega dos instintos" (BANDEIRA, 1977, n.p), bem como a primazia do tema da liberdade simbolizada nas lutas de independência e no amor romântico. As intrigas e disputas de poder perpetradas pelos antagonistas fazem contraponto à dignidade dos protagonistas, que escolhem a liberdade moral em detrimento de segurança e felicidade sensível. (SÜSSEKIND, 2009, n.p).

Beatriz Cenci e *Leonor de Mendonça* dialogam com a chamada "explosão de 1830" (PRADO, 2011, p. 167), que irrompe no teatro francês após a estreia de *Hernani*, de Victor Hugo, na Comédie-Française, e isso provocou a famosa batalha entre clássicos e modernos. Com *Hernani*, as correntes estéticas de procedência inglesa, espanhola e alemã paulatinamente passam a dominar Paris, que era, à época, o centro literário europeu. Mas, mesmo nesse drama — em que há mais concessões aos recursos melodramáticos —, é possível entrever a influência de Schiller na decisão de modificar os fatos históricos e no movimento ininterrupto em direção ao desfecho trágico que se anuncia desde o início da peça (BANDEIRA, 1977, n.p.). Essa coexistência de ritmo e atmosfera, que desencadeiam o terror e a piedade, é ainda mais veemente e mais elaborado no drama *Leonor de Mendonça*, em que o diálogo com Schiller e Victor Hugo se intensifica.

Também data do tempo de estudante seu interesse pela ópera e, consequentemente, pelo estudo da língua italiana. Gonçalves Dias continuará acompanhando as companhias de ópera no Brasil e, inclusive, exercerá a crítica teatral quando retorna ao país. É possível perscrutar reflexos da *Norma*, de Bellini, no drama *Leonor de Mendonça*, de 1846. O poeta também traduziu um pequeno excerto do Canto VI da Divina Comédia, de Dante.

Boabdil (1850) foi a última peça escrita por Gonçalves Dias e talvez seja a mais ignorada pela crítica. O drama de cunho histórico e de sabor orientalizante apresenta a derrocada do último sultão de Granada em 1492. Abstraído pelo ciúme e pelo desejo de vingança tanto da esposa quanto do amante, o sultão granadino põe tudo em risco, descuidando-se da segurança do reino. Com olhar arguto e justo, Giron observa que o drama não é inferior a outras produções do período, e que poderia quiçá sustentar-se à prova da ribalta (GIRON, 2004, p. 28). O crítico também assevera que "a consagração de Antônio Gonçalves Dias como poeta no princípio de sua carreira ofuscou o papel central que o teatro exerceu na sua trajetória criativa" (GIRON, 2004, p. 09), como a dramaticidade presente em seus poemas deixam entrever.

Para além do poeta nacionalista, indianista, primitivista, medievalista e do homem do teatro, esta antologia apresenta outra faceta do autor, a satírica, em duas produções póstumas: "Que coisa é um ministro" e "Ao doutor dos manuscritos". Os vieses satírico e irônico permanecem incompreendidos pelos pesquisadores da produção gonçalvina. É fato que as correspondências do autor, em que os acasos, chistes e graciocidades transparecem, podem auxiliar na interpretação e no abarcamento dessa vertente de sua escrita. Outrossim, a sua produção jornalística como folhetinista desvela esse pendor irônico. Vale lembrar que Drummond (1992) foi quem observou um sorriso secreto percorrendo as *Sextilhas de Frei Antão*, o que foi ratificado por Camilo (1998/1999, p. 110), sobretudo na figura do embeiçado frei narrador.

Josué Montello, num pequeno estudo biobibliográfico sobre Gonçalves Dias escrito em 1942, asseverou que no poeta "houve a conciliação do homem de letras com o homem de ciências, o que me levou a defini-lo como uma personalidade goethiana", cuja inquietude intelectual o levaria a abarcar o domínio da arte e da ciência, na ânsia por saber e também criar (MONTELLO, 2002, p. 09). Pode-se acrescentar que esses domínios, por vezes, se entrecruzam, por exemplo, nas "Poesias americanas", e que esses dois modos de pensar e agir se coadunam com o desejo de Gonçalves Dias de interferir no processo de consolidação da independência e do desenvolvimento do Brasil.

Em outras palavras, tendo consciência do que significava ser um autor participante, Gonçalves Dias não somente assumiu a crença de que sua obra literária deveria ser revestida de um caráter de missão estético-social, como também, entendendo-se talvez como gênio romântico, sentiu-se igualmente responsável para com o destino do país (MARQUES, 2010, p. 268).

A leitura dos poemas indianistas, líricos, satíricos e medievalistas presentes nesta edição dão a oportunidade ao leitor de conhecer parte da poética gonçalvina em sua diversidade de formas e temas. As soluções estéticas para a poesia e o teatro são o resultado de um diálogo profícuo não só com a literatura romântica europeia, mas também com os autores clássicos e com as crônicas e os cancioneiros da tradição ibérica. As suas experiências estéticas conformam-se às suas pesquisas histórico-etnográficas para instituir a poesia indianista, tomada como símbolo do espírito de liberdade e de coletividade da jovem nação (CUNHA, 2001, p. 19). Ainda há muitas sutilezas de sua poética e de sua literatura para fruir, sopesar e pesquisar, de modo que a leitura desta antologia seja um convite a leitoras e leitores para aprofundarem-se na obra de Gonçalves Dias.

Gisele Gemmi Chiari é doutora em Letras pela Universidade de São Paulo. Atualmente, realiza estágio pós-doutoral na Universidade Estadual de Londrina e participa do grupo de pesquisa Coletivos poéticos e políticas públicas de inclusão: inovação social na cena literária (CNPq). Sua pesquisa está voltada para a literatura e dramaturgia romântica brasileira. Também realiza estudos sobre a relação entre poéticas orais e ensino de literatura.

Referências bibliográficas

BANDEIRA, Manuel. "A poética de Gonçalves Dias". In: DIAS, GONÇALVES. *Poesia e prosa completas*. Org. Alexei Bueno. Rio de Janeiro: Nova Aguilar, 1998.

_____. Sobre a peça *Maria Stuart de Schiller*. In: Centro Cultural Banco do Brasil. Banco do Brasil apresenta e patrocina a peça *Maria Stuart* de Schiller. 2009.

CAMILO, Vagner. "Nos Tempos de Antão: Considerações sobre as Sextilhas, de Gonçalves Dias", *Revista da USP*, São Paulo, n. 40, dezembro/fevereiro 1998-1999.

CANDIDO, Antonio. Gonçalves Dias II. *Folha da manhã*, 5/9/1943 apud PERES, Marcos Flamínio. *A fonte envenenada: transcendência e história em três hinos de Gonçalves Dias*. São Paulo: Nova Alexandria, 2003.

CHAUVIN, Jean Pierre. Gonçalves Dias: lirismo, ideologia e convenção. In: DIAS, Gonçalves. *Últimos Cantos*. São Paulo: Martin Claret, 2019.

CHIARI, Gisele Gemmi. *A presença do medievalismo em Gonçalves Dias: um estudo das Sextilhas de Frei Antão*. Dissertação. 224 p. Faculdade de Filosofia, Letras e Ciências Humanas. USP, São Paulo, 2008.

CUNHA, Cilaine Alves. Introdução. In: DIAS, Gonçalves. *Cantos*. São Paulo: Martins Fontes, 2001, p. 09-61.

DIAS, Gonçalves. *Poesia e prosa completas*. Org. Alexei Bueno. Rio de Janeiro: Nova Aguilar, 1998.

FARIA, Andrea Camila de. Entre escolhas e silêncios: a construção da memória de Gonçalves Dias como poeta nacional. *Maracanan*. v. 8, n. 8, p. 157-182, dez. 2012. ISSN 2359-0092. Disponível em: <https://www.e-publicacoes.uerj.br/index.php/

maracanan/article/view/12778>. Acesso em: 12 mar. 2023. DOI: <https://doi.org/10.12957/revmar.2012.12778>.

GIRON, Luis Antônio. As pateadas da posteridade. In: DIAS, Gonçalves. *Teatro de Gonçalves Dias*. Edição preparada por Luís Antônio Giron. São Paulo: Martins Fontes, 2004, p. 09-30.

MARQUES, Wilton José. *Gonçalves Dias: o poeta na contramão (literatura e escravidão no romantismo brasileiro)*. São Carlos: EdUFSCar, 2010.

MONTELLO, Josué. Introdução. In: DIAS, Gonçalves. *Gonçalves Dias na Amazônia: relatórios e diário de viagem ao Rio Negro*. Rio de Janeiro: ABL, 2002.

OLIVEIRA, Andrey Pereira. O indianismo romântico como primitivismo americano: o caso Gonçalves Dias. *Graphos*. João Pessoa, v. 8, n. 2/2006, p. 87-99.

PEREIRA, Lúcia Miguel. *A vida de Gonçalves Dias*. Rio de Janeiro: José Olympio, 1943.

PRADO, Décio de Almeida. O teatro romântico: a explosão de 1830. In: GUINSBURG, J. (Org.). *O Romantismo*. São Paulo: Perspectiva, 2011, p. 167-184.

SILVA, Odete B. O indianismo de Gonçalves Dias. *Brotéria: cultura e informação*. vol. 97, n. 11, Lisboa, nov./73.

SÜSSEKIND, Pedro. A tragédia na modernidade. In: *Maria Stuart de Schiller*. Centro Cultural Banco do Brasil. Banco do Brasil apresenta e patrocina a peça *Maria Stuart* de Schiller, 2009.

_____. Clássico ou romântico: a reflexão de Friedrich Schiller sobre a poesia na modernidade. *O que nos faz pensar*. n. 30, dez. de 2011.

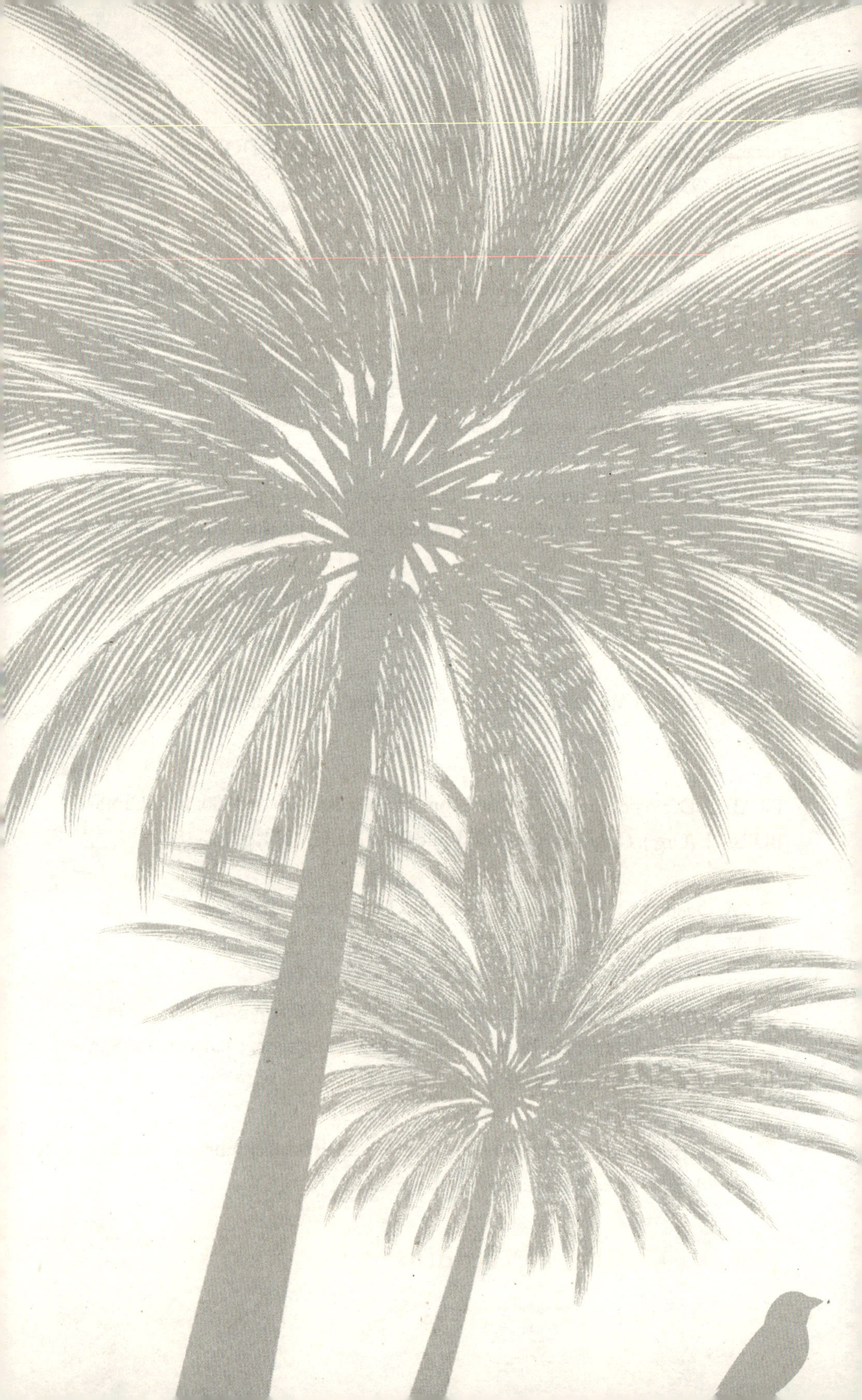

Prefácio de Cantos

Coleção de poesias

por Alexandre Herculano

FUTURO LITERÁRIO DE PORTUGAL E DO BRASIL[1]
por ocasião da leitura dos
PRIMEIROS CANTOS: POESIAS DO SR. A. GONÇALVES DIAS

Bem como a infância do homem, a infância das nações é vivida e esperançosa; bem como a velhice humana, a velhice delas é tediosa e melancólica. Separado da mãe pátria, menos pela série de acontecimentos inopinados, a que uma observação superficial lhe atribui a emancipação, do que pela ordem natural do progresso das sociedades, o Brasil, império vasto, rico, destinado pela sua situação, pelo favor da natureza, que lhe fadou a opulência, a representar um grande papel na história do novo mundo, é a nação infante que sorri: Portugal é o velho aborrido e triste, que se volve dolorosamente no seu leito de decrepidez; que se lamenta de que os raios do sol se tornassem frouxos, de que se encurtassem os horizontes da esperança, de que um crepe fúnebre vele a face da terra. Perguntai, porém, ao povo infante, que cresce e se fortifica além dos mares, que se atira ridente pelo caminho da vida, se é verdade isso que diz o ancião na tristeza do seu vegetar inerte, e que, encostado na borda do túmulo, deplora, pobre tonto, o mundo que vai morrer!

Em Portugal, os espíritos que o antigo poeta designou pelo epíteto de *bem-nascidos*; aqueles que ainda tentam esquivar-se no santuário da ciência ou da poesia ao pego da podridão dissolvente que os cerca, no meio dos seus generosos esforços chegam a iludir a Europa com essas aspirações do futuro, que também neles não são mais do que uma ilusão. As suas tentativas quase fazem acreditar que para esta nação moribunda ainda resta uma esperança de regeneração; que nas veias varicosas deste corpo semicadáver de novo se vai injetar sangue puro; que temos ainda algum destino a cumprir antes de nos amortalharmos no estandarte de D. João I ou na bandeira

---

[1] Artigo publicado na *Revista Universal Lisbonense* — Tom. 7, p. 5. — ano de 1847 - 48.

de Vasco da Gama, e de irmos enfim repousar no cemitério da história. O desengano chega, porém, em breve. O talento que forcejava por fugir do letargo febril que nos consome, retrocede ao entrar no templo, e volve ao lodaçal onde agonizamos. É que a turba que aí se debate, ou o apupa, ou lhe arroja adiante tropeços, ou o corrompe com dádivas e promessas; e falando-lhe às paixões más, às ambições insensatas, lhe clama: vem refocilar-te no lodo. E, desanimado ou tentado, o talento despenha-se, e atufando-se no charco, aceita as lisonjas ou o ouro imundo, que lhe atiram, embriaga-se com os outros perdidos e renega da missão sacrossanta, que se lhe destinara no céu.

[...]

Estas amarguradas cogitações surgiram-me na alma com a leitura de um livro impresso no ano passado no Rio de Janeiro, e intitulado *Primeiros cantos: poesias por A. Gonçalves Dias*. Naquele país de esperanças, cheio de viço e de vida, há um ruído de lavor íntimo, que soa tristemente cá, nesta terra onde tudo acaba. A mocidade, despregando o estandarte da civilização, prepara-se para os seus graves destinos pela cultura das letras; arroteia os campos da inteligência; aspira às harmonias dessa natureza possante que a cerca; concentra num foco todos os raios vivificantes do formoso céu, que a alumina; prova forças, enfim, para algum dia renovar pelas ideias a sociedade, quando passar a geração dos homens *práticos e positivos*, raça que lá deve predominar ainda — porque a sociedade brasileira, vergôntea separada há tão pouco da carcomida árvore portuguesa, ainda necessariamente conserva uma parte do velho cepo. Possa o renovo dessa vergôntea, transplantada da Europa para entre os trópicos, prosperar e viver uma bem longa vida, e não decair tão cedo como nós decaímos!

É geralmente sabido que o jovem imperador do Brasil dedica todos os momentos que pode salvar das ocupações materiais de chefe do Estado ao culto das letras. Mancebo, prende-se à mocidade, aos homens do futuro, por laços que decerto as revoluções não hão de quebrar, porque o progresso social não virá acometê-lo inopinadamente nas suas crenças e hábitos.

Quando a ideia se encarnar na realidade, o seu espírito — como as outras inteligências que o rodeiam — ter-se-á alimentado de lia, e saudará como os seus mais alumiados súditos o pensamento progressivo. Não notais nestas tendências do moço príncipe um símbolo do presente e uma profecia consoladora acerca do porvir do Brasil?

A imprensa na antiga América portuguesa, balbuciante há dois dias, já ultrapassa a imprensa da terra que foi metrópole. As publicações periódicas, primeira expressão de uma cultura intelectual que se desenvolve, começam a associar-se às composições de mais alento — os livros. Ajunte-se a este fato outro, o ser o Brasil o mercado principal do pouco que entre nós se imprime, e será fácil conjecturar que no domínio das letras, como em importância e prosperidade, as nossas emancipadas colônias nos vão levando rapidamente de vencida.

Por si sós esses fastos provariam antes a nossa decadência que o progresso literário do Brasil. É um mancebo vigoroso que derriba um velho caquético, demente e paralítico. O que completa, porém, a prova é o exame não comparativo, mas absoluto, de algumas das modernas publicações brasileiras.

Os *Primeiros cantos* são um belo livro; são inspirações de um grande poeta. A terra de Santa Cruz, que já conta outros no seu seio, pode abençoar mais um ilustre filho.

O autor, não o conhecemos; mas deve ser muito jovem. Tem os defeitos do escritor ainda pouco amestrado pela experiência: imperfeições de língua, de metrificação, de estilo. Que importa? O tempo apagará essas máculas, e ficarão as nobres inspirações estampadas nas páginas deste formoso livro.

Quiséramos que as *Poesias Americanas*, que são como o pórtico do edifício, ocupassem nele maior espaço. Nos poetas transatlânticos há, por via de regra, demasiadas reminiscências da Europa. Esse Novo Mundo, que deu tanta poesia a Saint Pierre e a Chateaubriand, é assaz rico para inspirar e nutrir os poetas que crescerem à sombra das suas selvas primitivas.

[...]

Se estas poucas linhas, escritas de abundância de coração, passarem os mares, receba o autor dos *Primeiros cantos* o testemunho sincero de simpatia, que a leitura do seu livro arrancou a um homem que o não conhece, que provavelmente não o conhecerá nunca, e que não costuma nem dirigir aos outros elogios *encomendados*, nem pedi-los para si.

Lisboa (Ajuda), 30 de novembro de 1847.

Sumário

Primeiros cantos . 29
Canção do exílio . 30
O canto do guerreiro . 32
Deprecação . 36
O canto do piaga . 39
Seus olhos . 43

Segundos cantos . 47
Rosa no mar . 48
Solidão . 51
A um poeta exilado . 54

Últimos cantos . 57
I-Juca-Pirama . 58
Canção do tamoio . 78
Leito de folhas verdes . 82

Novos cantos . 85
Se se morre de amor . 86
Ainda uma vez — adeus! . 89
A sua voz . 96

Obras póstumas . 99
Que cousa é um ministro . 100
Ao doutor dos manuscritos . 106

Os timbiras . 111
Canto primeiro . 115
Canto segundo . 129
Canto terceiro . 146
Canto quarto . 168

Sextilhas de Frei Antão . 189
Loa da Princesa Santa . 190
Gulnare e Mustafá . 211
Lenda de São Gonçalo . 249
Solau do Senhor Rei Dom João . 273
Solau de Gonçalo Hermíguez . 290

Notas do autor . 315

Primeiros cantos

Canção do exílio[1]

> *Kennst du das Land, wo die Citronen blühen,*
> *Im dunkeln Laub die Gold-Orangen glühen,*
> *Kennst du es wohl? — Dahin, Dahin!*
> *Möcht' ich... ziehn.*
>
> Goethe[2]

Minha terra tem palmeiras,
Onde canta o Sabiá;
As aves, que aqui gorjeiam,
Não gorjeiam como lá.

Nosso céu tem mais estrelas,
Nossas várzeas têm mais flores,
Nossos bosques têm mais vida,
Nossa vida mais amores.

Em cismar, sozinho, à noite,
Mais prazer encontro eu lá;
Minha terra tem palmeiras,
Onde canta o Sabiá.

---

[1] Abrindo os *Primeiros canto*s e integrando as Poesias Americanas, a "Canção do exílio" foi escrita em 1843 quando o poeta ainda estudava em Coimbra. O poema tornou-se o mais célebre dentre as poesias do autor e quiçá do Romantismo brasileiro. O cunho exacerbatório e saudosista em relação à natureza da terra natal foi ao encontro da formação do ideário nacionalista pós-Independência, o que lhe valeu a menção, inclusive, no Hino Nacional brasileiro. A simplicidade do vocabulário, as anáforas e os paralelismos, bem como a musicalidade dos versos em redondilha maior conferem-lhe ritmo e facilitam a memorização dos versos.

[2] A epígrafe é um excerto da canção de Mignon, personagem de *Os anos de aprendizagem de Wilhelm Meister* (1796), de Goethe. Em tradução livre: "Conheces a terra onde florescem os limoeiros,/ Em meio à escuridão brilham os pomos de ouro, / Não o conheces? — Para lá, para lá!/ Quisera eu... ir".

Minha terra tem primores,
Que tais não encontro eu cá;
Em cismar — sozinho, à noite —
Mais prazer encontro eu lá;
Minha terra tem palmeiras,
Onde canta o Sabiá.

Não permita Deus que eu morra,
Sem que volte para lá;
Sem que desfrute os primores
Que não encontro por cá;
Sem qu'inda aviste as palmeiras,
Onde canta o Sabiá.

O canto do guerreiro

I.
Aqui na floresta
Dos ventos batida,
Façanhas de bravos
Não geram escravos,
Que estimem a vida
Sem guerra e lidar.
— Ouvi-me, guerreiros.
— Ouvi meu cantar.

II.
Valente na guerra
Quem há, como eu sou?
Quem vibra o tacape[1]
Com mais valentia?
Quem golpes daria
Fatais, como eu dou?
— Guerreiros, ouvi-me.
— Quem há, como eu sou?

---

[1] Nas notas para "O canto do guerreiro", Gonçalves Dias define: "Tacape, arma ofensiva, espécie de maça contundente, usada na guerra e nos sacrifícios. A etimologia desta palavra indica que os índios os endureciam ao fogo, como costumavam fazer aos seus arcos: Tatá-pe quer dizer 'no fogo'".

III.

Quem guia nos ares
A frecha emprumada,
Ferindo uma presa,
Com tanta certeza,
Na altura arrojada
Onde eu a mandar?
— Guerreiros, ouvi-me.
— Ouvi meu cantar.

IV.

Quem tantos imigos
Em guerras preou[2]?
Quem canta seus feitos
Com mais energia?
Quem golpes daria
Fatais, como eu dou?
— Guerreiros, ouvi-me:
— Quem há, como eu sou?

V.

Na caça ou na lide,
Quem há que me afronte?!
A onça raivosa
Meus passos conhece,
O imigo estremece,
E a ave medrosa
Se esconde no céu.
— Quem há mais valente,
— Mais destro do que eu?

---

[2] Prear: capturar, aprisionar, prender.

VI.
Se as matas estrujo[3]
Co'os sons do Boré[4],
Mil arcos se encurvam,
Mil setas lá voam,
Mil gritos reboam,
Mil homens de pé
Eis surgem, respondem
Aos sons do Boré!
— Quem é mais valente,
— Mais forte quem é?

VII.
Lá vão pelas matas;
Não fazem ruído:
O vento gemendo
E as matas tremendo
E o triste carpido
Duma ave a cantar,
São eles — guerreiros,
Que faço avançar.

---

[3] Estrugir: vibrar fortemente, ecoar, fazer estremecer.

[4] Em nota, o autor assevera: "Boré, instrumento músico de guerra: dá apenas algumas notas, porém mais ásperas, e talvez mais fortes que as da trompa.

VIII.

E o Piaga[5] se ruge
No seu Maracá[6],
A morte lá paira
Nos ares frechados,
Os campos juncados
De mortos são já:
Mil homens viveram,
Mil homens são lá.

IX.

E então se de novo
Eu toco o Boré;
Qual fonte que salta
De rocha empinada,
Que vai marulhosa,
Fremente e queixosa,
Que a raiva apagada
De todo não é,
Tal eles se escoam
Aos sons do Boré.
— Guerreiros, dizei-me,
— Tão forte quem é?

---

[5] Nas notas para "O canto do piaga", Gonçalves Dias esclarece: "*Piaga, piagé, piaches, piayes,* os autores portugueses escreveram *pagé,* como em verdade ainda hoje se diz no Pará. Era ao mesmo tempo sacerdote e o médico, o áugure e cantor dos indígenas do Brasil".

[6] O termo "maracá" aparece no *Dicionário da língua tupi chamada língua-geral dos indígenas do Brasil,* organizado pelo poeta. Das acepções arroladas no *Dicionário,* para compreensão do poema, mencionamos: "instrumento das solenidades religiosas dos índios: cascavel".

Deprecação[1]

Tupã, ó deus grande! Cobriste o teu rosto
Com denso velâmen[2] de penas gentis;
E jazem teus filhos clamando vingança
Dos bens que lhes deste da perda infeliz!

Tupã, ó deus grande! Teu rosto descobre:
Bastante sofremos com tua vingança!
Já lágrimas tristes choraram teus filhos,
Teus filhos que choram tão grande mudança.

Anhanga impiedoso nos trouxe de longe
Os homens que o raio manejam cruentos,
Que vivem sem pátria, que vagam sem tino
Trás do ouro correndo, vorazes, sedentos.

E a terra em que pisam, e os campos e os rios
Que assaltam, são nossos; tu és nosso Deus:
Por que lhes concedes tão alta pujança,
Se os raios de morte, que vibram, são teus?

---

[1] Súplica. No poema, um eu-lírico indígena pede a intercessão de Tupã em razão das consequências nefastas da colonização europeia.
[2] Velâmen deriva do verbo latino *velare* (velar, cobrir) que, por sua vez, origina-se do termo *velum* (velo, tela, cortina).

Tupã, ó deus grande! Cobriste o teu rosto
Com denso velâmen de penas gentis;
E jazem teus filhos clamando vingança
Dos bens que lhes deste da perda infeliz.

Teus filhos valentes, temidos na guerra,
No albor da manhã quão fortes que os vi!
A morte pousava nas plumas da frecha,
No gume da maça, no arco tupi!

E hoje em que apenas a enchente do rio
Cem vezes hei visto crescer e baixar...
Já restam bem poucos dos teus, qu'inda possam
Dos seus, que já dormem, os ossos levar.

Teus filhos valentes causavam terror,
Teus filhos enchiam as bordas do mar,
As ondas coalhavam de estreitas igaras[3],
De frechas cobrindo os espaços do ar.

Já hoje não caçam nas matas frondosas
A corça ligeira, o trombudo coati...
A morte pousava nas plumas da frecha,
No gume da maça, no arco tupi!

O Piaga nos disse que breve seria,
A que nos infliges cruel punição;
E os teus inda vagam por serras, por vales.
Buscando um asilo por ínvio sertão!

---

[3] Pequenas canoas feitas de tronco de árvore escavado.

Tupã, ó deus grande! Descobre o teu rosto:
Bastante sofremos com tua vingança!
Já lágrimas tristes choraram teus filhos,
Teus filhos que choram tão grande tardança.

Descobre o teu rosto, ressurjam os bravos,
Que eu vi combatendo no albor da manhã;
Conheçam-te os feros, confessem vencidos
Qu'és grande e te vingas, qu'és deus, ó Tupã!

O canto do piaga

I.
Ó guerreiros da Taba sagrada,
Ó guerreiros da Tribo Tupi,
Falam Deuses nos cantos do Piaga,
Ó guerreiros, meus cantos ouvi.

Esta noite — era a lua já morta —
Anhangá me vedava sonhar;
Eis na horrível caverna, que habito,
Rouca voz começou-me a chamar.

Abro os olhos, inquieto, medroso,
Manitôs[1]! Que prodígios que vi
Arde o pau de resina fumosa,
Não fui eu, não fui eu, que o acendi!

Eis rebenta a meus pés um fantasma,
Um fantasma de imensa extensão;
Liso crânio repousa a meu lado,
Feia cobra se enrosca no chão.

---

[1] Em nota ao poema, Gonçalves Dias informa: "*Manitôs*, uns como penates que os índios da América do Norte veneravam. O seu desaparecimento augurava grandes calamidades às tribos, de que eles houvessem desertado".

O meu sangue gelou-se nas veias,
Todo inteiro — ossos, carnes — tremi,
Frio horror me coou pelos membros,
Frio vento no rosto senti.

Era feio, medonho, tremendo,
Ó guerreiros, o espetro que eu vi.
Falam Deuses nos cantos do Piaga,
Ó guerreiros, meus cantos ouvi!

II
Por que dormes, Ó Piaga divino?
Começou-me a Visão a falar,
Por que dormes? O sacro instrumento
De per si já começa a vibrar.

Tu não viste nos céus um negrume
Toda a face do sol ofuscar;
Não ouviste a coruja, de dia,
Seus estrídulos torva[2] soltar?

Tu não viste dos bosques a coma
Sem aragem — vergar-se e gemer,
Nem a lua de fogo entre nuvens,
Qual em vestes de sangue, nascer?

E tu dormes, ó Piaga divino!
E Anhangá te proíbe sonhar!
E tu dormes, ó Piaga, e não sabes,
E não podes augúrios cantar?!

---
[2] Terrível, sinistra.

Ouve o anúncio do horrendo fantasma,
Ouve os sons do fiel Maracá;
Manitôs já fugiram da Taba!
Ó desgraça! Ó ruína! Ó Tupá!

III

Pelas ondas do mar sem limites
Basta selva, sem folhas, lá vem;
Hartos troncos, robustos, gigantes;
Vossas matas tais monstros contêm.

Traz embira[3] dos cimos pendente
— Brenha espessa de vário cipó —
Dessas brenhas contêm vossas matas,
Tais e quais, mas com folhas; é só!

Negro monstro os sustenta por baixo,
Brancas asas abrindo ao tufão,
Como um bando de cândidas garças,
Que nos ares pairando — lá vão.

Oh! Quem foi das entranhas das águas
O marinho arcabouço arrancar?
Nossas terras demanda, fareja...
Esse monstro... — o que vem cá buscar?

Não sabeis o que o monstro procura?
Não sabeis a que vem, o quê quer?
Vem matar vossos bravos guerreiros,
Vem roubar-vos a filha, a mulher!

---
[3] Nome dado a espécies de árvores e arbustos de cujas cascas se produz firas e cordas.

Vem trazer-vos crueza, impiedade —
Dons cruéis do cruel Anhangá;
Vem quebrar-vos a maça valente,
Profanar Manitôs, Maracás.

Vem trazer-vos algemas pesadas,
Com que a tribo Tupi vai gemer;
Hão de os velhos servirem de escravos
Mesmo o Piaga inda escravo há de ser?

Fugireis procurando um asilo,
Triste asilo por ínvio sertão;
Anhangá de prazer há de rir-se,
Vendo os vossos quão poucos serão.

Vossos Deuses, ó Piaga, conjura,
Susta as iras do fero Anhangá.
Manitôs já fugiram da Taba,
Ó desgraça! Ó ruína! Ó Tupá!

Seus olhos

> *Oh! rouvre tes grands yeux dont la paupière tremble,*
> *Tes yeux pleins de langueur;*
> *Leur regard est si beau quand nous somes ensemble!*
> *Ronvre-les; ce regard manque à ma vie, il semble*
> *Que tu fermes ton coeur.*
> Turquety[1]

Seus olhos tão negros, tão belos, tão puros,
    De vivo luzir,
Estrelas incertas, que as águas dormentes
    Do mar vão ferir;

Seus olhos tão negros, tão belos, tão puros,
    Têm meiga expressão,
Mais doce que a brisa — mais doce que o nauta
De noite cantando —, mais doce que a frauta
    Quebrando a soidão,

Seus olhos tão negros, tão belos, tão puros,
    De vivo luzir,
São meigos infantes, gentis, engraçados
    Brincando a sorrir.

---

[1] Oh! Reabre teus grandes olhos de pálpebras trêmulas, / Teus olhos plenos de desalento / De olhar tão belo quando estamos juntos! / Reabre-os; esse olhar me falta à vida, parece / Que te encerras o coração.

São mugos infantes, brincando, saltando
    Em jogo infantil,
Inquietos, travessos; — causando tormento,
Com beijos nos pagam a dor de um momento,
    Com modo gentil.

Seus olhos tão negros, tão belos, tão puros,
    Assim é que são;
Às vezes luzindo, serenos, tranquilos;
    Às vezes vulcão!

Às vezes, oh! Sim, derramam tão fraco,
    Tão frouxo brilhar,
Que a mim me parece que o ar lhes falece,
E os olhos tão meigos, que o pranto umedece,
    Me fazem chorar.

Assim lindo infante, que dorme tranquilo,
    Desperta a chorar;
E mudo e sisudo, cismando mil coisas,
    Não pensa — a pensar.

Nas almas tão puras da virgem, do infante,
    Às vezes do céu
Cai doce harmonia duma harpa celeste.
Um vago desejo; e a mente se veste
    De pranto co'um véu.

Quer sejam saudades, quer sejam desejos
    Da pátria melhor;
Eu amo seus olhos, que choram sem causa
    Um pranto sem dor.

Eu amo seus olhos tão negros, tão puros
    De vivo fulgor:
Seus olhos que exprimem tão doce harmonia,
Que falam de amores com tanta poesia,
    Com tanto pudor.

Seus olhos tão negros, tão belos, tão puros,
    Assim é que são:
Eu amo esses olhos, que falam de amores
    Com tanta paixão.

Segundos cantos

Rosa no mar[1]

> *Rosa, rosa de amor purpúrea e bela,*
> *Quem entre os goivos[2] te esfolhou da campa?*
> Garrett.

Por uma praia arenosa,
    Vagarosa
Divagava uma donzela;
Dá largas ao pensamento,
    Brinca o vento
Nos soltos cabelos dela.

Leve ruga no semblante
    Vem num instante,
Que noutro instante se alisa;
Mais veloz que a sua ideia
    Não volteia,
Não gira, não foge a brisa.

No virginal devaneio
    Arfa o seio,
Pranto ao riso se mistura:
Doce rir dos céus encanto,
    Leve pranto,
Que amargo não é, nem dura.

---

[1] Poema narrativo em que o tema de amor e morte, tão caro ao romantismo, é abordado de maneira peculiar na relação entre a virgem e o mar. A estrutura métrica e das rimas marcam o ritmo que simula a movimentação dos personagens. O vocabulário cria um efeito de sinestesia.

[2] Flores ornamentais.

Nesse lugar solitário
   — Seu fadário —,
De ver o mar se recreia;
De o ver, à tarde, dormente,
   Docemente
Suspirar na branca areia.

Agora, qual sempre usava,
   Divagava
Em seu pensar embebida;
Tinha no seio uma rosa
   Melindrosa,
De verde musgo vestida.

Ia a virgem descuidosa,
   Quando a rosa
Do seio no chão lhe cai:
Vem um'onda bonançosa,
   Qu'impiedosa
A flor consigo retrai.

A meiga flor sobrenada;
   De agastada,
A virge'a não quer deixar!
Boia a flor; a virgem bela,
   Vai trás ela,
Rente, rente — à beira-mar.

Vem a onda bonançosa,
   Vem a rosa;
Foge a onda, a flor também.

Se a onda foge, a donzela
   Vai sobre ela!
Mas foge, se a onda vem.

Muitas vezes enganada,
   De enfadada
Não quer deixar de insistir;
Das vagas menos se espanta,
   Nem com tanta
Presteza lhes quer fugir.

Nisto o mar que se encapela
   A virgem bela
Recolhe e leva consigo;
Tão falaz em calmaria,
   Como a fria
Polidez de um falso amigo.

Nas águas alguns instantes,
   Flutuantes
Nadaram brancos vestidos:
Logo o mar todo bonança,
   A praia cansa
Com monótonos latidos.

Um doce nome querido
   Foi ouvido,
Ia a noite em mais de meia.
Toda a praia perlustraram,
   Nem acharam
Mais que a flor na branca areia.

Solidão

Solo e pensoso i più deserti campi
Vo misurando a passi tardi e lenti
E gli ochi porto per fuggire intenti
Ove vestígio human l'arena stampi
Petrarca. Solo et pensoso[1]

Se queres saber o meio
Por que às vezes me arrebata
Nas asas do pensamento
A poesia tão grata;
Por que vejo nos meus sonhos
Tantos anjinhos dos céus:
    Vem comigo, ó doce amada,
    Que eu te direi os caminhos,
    Donde se enxergam anjinhos,
    Donde se trata com Deus.

Fujamos longe das vilas,
Das cidades populosas,
Do vegetar entre as vagas
Destas cortes enganosas;
Fujamos longe, bem longe,
Deste viver cortesão!
    Fujamos desta impureza,
    Só vês cordura por fora;
    Mas nunca o vício que mora
    Nas dobras do coração!

---

[1] Só e pensoso os mais desertos campos / Percorro a lentos passos fadigados / E trago os olhos atentos para evitar / Qualquer pegada de humano arado

Fujamos! Que nos importa
Rodar do carro que passa,
Esta orgulhosa vã glória,
Que se resolve em fumaça?
Estas vozes, estes gritos,
Este viver a mentir?
    Fujamos, que em tais lugares
    Não há prazer inocente,
    Só alegria que mente,
    Só lábios que sabem rir!

Fujamos para o deserto;
Vivamos ali sozinhos,
Sozinhos, mas descuidados
D'estes cuidados mesquinhos;
Tu o azul do espaço olhado,
E eu só a rever-me em ti!
    Quando depois nos tornarmos
    À terra serena e calma,
    Aqui acharei tua alma,
    E tu me acharás aqui.

Ou corramos o oceano
Que de imenso a vista cansa;
Dormirei no teu regaço
Quando o tempo for bonança,
Quando o batel for jogando
Em leve ondular sem fim.
    Mas nos roncos da procela,
    Nossos olhos encontrados,
    Nossos braços enlaçados,
    Hei de cantar-te, inda assim!

Ou se mais te praz, zombemos
Das setas que arroja a sorte;
Vivamos nas minhas selvas,
Nas minhas selvas do norte,
Que gemem nênias[2] sentidas
No seio da escuridão.
    Não tem doçura o deserto,
    Não têm harmonia os mares,
    Como o rugir dos palmares
    No correr da viração!

Tu verás como a luz brinca
Nas folhas de cor sombria;
Como o sol, pintor mimoso,
Seus acidentes varia;
Como é doce o romper d'alva,
Como é fagueiro o luar!
    Como ali sente-se a vida
    Melhor, mais viva, mais pura
    Naquela eterna verdura,
    Naquele eterno gozar!

Vem comigo, oh! vem depressa
Não se esgota a natureza;
Mas desbota-se a inocência,
Divina e santa pureza,
Que dá vida aos objetos,
Feituras da mão de Deus!
    Vem comigo, ó doce amada,
    Que são estes os caminhos,
    Donde eu enxergo os anjinhos,
    Que tu vês nos sonhos meus.

---

[2] Cantos fúnebres de exaltação ao morto, cantigas melancólicas.

A um poeta exilado

> *Il acuse et son siècle, et ses chants, et sa lyre.*
> *Et la coupeenivrante où, trompant son delire,*
> *La gloire verse tant de fiel,*
> *Et ses voeux, poursuivant des promesses funestes.*
> *Et son coeur, et la Muse, et tous ces dons celestes.*
> *Helas! qui ne sont pas le ciel!*
> Victor Hugo[1]

Tão bem vaguei, Cantor, por clima estranho,
Vi novos vales, novas serranias,
Vi novos astros sobre mim luzindo;
    E eu só! E eu triste!

Ao sereno Mondego, ao Doiro, ao Tejo[2]
Pedi inspirações — e o Doiro e o Tejo
Do mísero proscrito repetiram
    Sentidos carmes.

Repetiu-mos o plácido Mondego;
Talvez em mais de um peito se gravaram,
Em mais de uns meigos lábios murmurados,
    Talvez soaram.

Os filhos de Minerva, novos cisnes,
Que a fonte dos amores meigos cria,
E alguns de Lísia sonoros vates,

---

[1] Ele acusa seu século, seu canto, sua lira. / E o cálice inebriante onde, enganando seu delírio, / A glória despeja tanto fel, E seus votos buscando promessas funestas. / E seu coração, e a Musa, e todos estes dons celestes. / Lástima! Que não são o céu!

[2] Três dos mais importantes e caudalosos rios de Portugal. O Douro e o Mondego ficam ao norte, e o Tejo no centro desse país. Vale lembrar que ao mencionar os rios, Gonçalves Dias refere-se aos lugares em que esteve em Portugal, respectivamente, Coimbra, Porto e Lisboa, onde se sentiu na condição de exilado.

Sisudos mestres[3];
Ouvindo aquele canto agreste e rudo
Do selvagem guerreiro —, e a voz do piaga
Rugindo, como o vento na floresta,
　　　Prenhe de augúrios;

Benignos me olharam, e aos meus ensaios
Talvez sorriram; porém mais prendeu-me,
Quem sofrendo como eu, chorou comigo;
　　　Quem me deu lágrimas!

Eu pois, que nesta vida hei aprendido
Só cantar e sofrer, não vejo embalde
Ao canto a dor unida — e os repassados
　　　Versos de pranto.

Do triste poleá[4] choro a desdita,
Choro e digo entre mim: "Pobre Canário,
Que fado mau cegou, por que soltasse
　　　Mais doce canto";

Pobre Orfeu, nestes tempos malnascido,
Atrás dum bem sonhado pelo mundo
A vagar com lira — um bem que os homens
　　　Não podem dar-te!

Se quer esta lembrança a dor te abrande:
A vida é breve, e o teu cantar semelha
Vagido fraco de menino enfermo,
　　　Que Deus escuta.

---

[3] Aliando o tema do exílio aos pressupostos da estética romântica, Gonçalves Dias contrapõe os "sisudos mestres" da literatura clássica e sua mitologia ao canto agreste americano.

[4] Homem plebeu no Malabar (Índia), pária.

Últimos cantos

I-Juca-Pirama[1]

I.
No meio das tabas de amenos verdores,
Cercadas de troncos — cobertos de flores,
Alteiam-se os tetos d'altiva nação;
São muitos seus filhos, nos ânimos fortes,
Temíveis na guerra, que em densas coortes
Assombram das matas a imensa extensão.

São rudos, severos, sedentos de glória,
Já prélios[2] incitam, já cantam vitória,
Já meigos atendem à voz do cantor:
São todos Timbiras[3], guerreiros valentes!
Seu nome lá voa na boca das gentes,
Condão de prodígios, de glória e terror!

As tribos vizinhas, sem forças, sem brio[4],
As armas quebrando[5], lançando-as ao rio,
O incenso aspiraram dos seus maracás:
Medrosos das guerras que os fortes acendem,
Custosos tributos ignavos[6] lá rendem,
Aos duros guerreiros sujeitos na paz.

---

[1] Em nota, o poeta informa: "O título desta poesia, traduzido literalmente da língua tupi, vale tanto como s em português disséssemos 'o que há de ser morto, e que é digno de ser morto.'"

[2] Lutas, batalhas, combates.

[3] De acordo com as notas do autor: "Timbiras — tapuias que habitam o interior da província do Maranhão".

[4] Dignidade, valor, honra.

[5] Gonçalves Dias menciona: "Por este ato declaravam firmadas as pazes. Vieira faz menção desta solenidade quando, em uma informação ao monarca português, se ocupa da aliança feita entre os missionário por parte dos portugueses e dos *Nhe-engaybas* de Marajó".

[6] Covardes, fracos, medrosos.

No centro da taba se estende um terreiro,
Onde ora se aduna o concílio guerreiro
Da tribo senhora, das tribos servis:
Os velhos sentados praticam d'outrora,
E os moços inquietos, que a festa enamora,
Derramam-se em torno dum índio infeliz.

Quem é? — ninguém sabe: seu nome é ignoto[7],
Sua tribo não diz: — de um povo remoto
Descende por certo — dum povo gentil;
Assim lá na Grécia ao escravo insulano
Tornavam distinto do vil muçulmano
As linhas corretas do nobre perfil.

Por casos de guerra caiu prisioneiro
Nas mãos dos Timbiras: — no extenso terreiro
Assola-se o teto, que o teve em prisão;
Convidam-se as tribos dos seus arredores,
Cuidosos se incubem do vaso das cores,
Dos vários aprestos da honrosa função.

---

[7] Ignorado, desconhecido.

Acerva-se a lenha da vasta fogueira
Entesa-se a corda da embira[8] ligeira,
Adorna-se a maça com penas gentis[9]:
A custo, entre as vagas do povo da aldeia
Caminha o Timbira, que a turba rodeia,
Garboso nas plumas de vário matiz.

Em tanto as mulheres com leda trigança,
Afeitas ao rito da bárbara usança,
O índio já querem cativo acabar:
A coma[10] lhe cortam, os membros lhe tingem,
Brilhante enduape[11] no corpo lhe cingem,
Sombreia-lhe a fronte gentil canitar[12].

---

[8] Nas notas para o poema, Dias explica: "Chamava-se muçurana a corda com que se atava o prisioneiro. — *'Et une longue corde nonmée massarana, avec laquelle ils les attachent (les captifs) quand ils doivent être assomés'* (H. Standen, p. 300). Musurana escreve Ferdinand Denis, acrescentado que era feita de algodão. É possível que em algumas tribos fosse feita desta matéria, mas convém notar que na maior parte delas era uso fabricarem-se cordas de embira". [Tradução da citação em francês citada pelo poeta: 'E uma longa corda chamada massarana, com a qual os amarram (os cativos) quando vão ser desacordados'.]

[9] Nas notas do autor: "A maça do sacrifício não era o mesmo que a ordinária, e tinha mais a diferença dos ornatos que se lhe juntava, e do esmero com que era trabalhada. Lavravam e pintavam todo o punho — embagadura como o chamavam — com desenhos e relevos a seu modo curiosos, e dela deixavam pendente uma borla de penas delicadas e de cores diferentes, sendo a folha ornada de mosaicos. — 'Pintam (diz H. Standen, p. 301) a maça do sacrifício a que chamam *iverapeme*, com a qual deve ser sacrificado o prisioneiro: passam-lhe por cima uma matéria viscosa, e tomando depois a casca dos ovos de um pássaro chamado *Mackukawa* de cor parda escura, reduzem-nas a pó, e com ele salpicam toda a maça. Preparada a iverapeme, e adornada de penas, suspendem-na em uma cabana inabitada, e cantam em redor dela toda a noite.' — Ferdinand Denis, acrescentando-lhe o artigo francês, escreve *Liverapeme*, que diz ser feita de pau-ferro e com mosaicos de diferentes cores. Vasconcelos dá-lhe o nome de Tangapema, que é o termo do dicionário brasiliano".

[10] Do latim, cabelo.

[11] Gonçalves Dias, em nota, assevera: "*Enduape* — fraldão de penas de que se serviam os guerreiros: damos a denominação de arasóia a aqueles de que usavam as mulheres. '*Ils font avec de plumes d'autruches une espèce d'ornement de forme ronde, qu'ils attachent au bas du dos, quand ils vont à quelque grande fête: ils le nommment enduape.*' (H. Standen. p. 270).[Tradução: 'Fazem com penas de avestruz uma espécie de ornamento redondo, que prendem à parte inferior das costas, quando vão a alguma grande festa: chamam-lhe enduape']. Vasconcelos trata do *enduape* sem lhe dar nome algum especial: 'Pela cintura apertam uma larga zona: desta pende até os joelhos um largo fraldão a modo trágico, e de tão grande roda como é a de um ordinário chapéu de sol.' (*Notícias curiosas*, L.1.n.129)".

II.

Em fundos vasos d'alvacenta argila
    Ferve o cauim;
Enchem-se as copas, o prazer começa,
    Reina o festim.

O prisioneiro, cuja morte anseiam,
    Sentado está,
O prisioneiro, que outro sol no ocaso
    Jamais verá!

A dura corda, que lhe enlaça o colo,
    Mostra-lhe o fim
Da vida escura, que será mais breve
    Do que o festim!

Contudo os olhos d'ignóbil pranto
    Secos estão;
Mudos os lábios não descerram queixas
    Do coração.

Mas um martírio, que encobrir não pode,
    Em rugas faz
A mentirosa placidez do rosto
    Na fronte audaz!

---

[12] Nas notas ao poema, Dias explica: "*Canitar* — é o nome do penacho ou cocar, de que usavam os guerreiros de raça tupi, quando em marcha para a guerra, ou se apresentavam para alguma solenidade, d'importância igual a esta; '*Ils ont aussi l'habitude de s'attacher sur la tête um bouquet de plumes rouges qu'ils nomment Kanittare*' (H. Standen). [Tradução: Eles também têm o hábito de prender um buquê de penas vermelhas na cabeça, a que chamam de Kanittare.] — Usam de umas coroas a que chamam acanggetar (Laet). Os primeiros portugueses escreveram acangatar, que literalmente quer dizer 'enfeite ou ornato de cabeça'".

Que tens, guerreiro? Que temor te assalta
    No passo horrendo?
Honra das tabas que nascer te viram,
    Folga morrendo.

Folga morrendo; porque além dos Andes
    Revive o forte,
Que soube ufano contrastar os medos
    Da fria morte.

Rasteira grama, exposta ao sol, à chuva,
    Lá murcha e pende:
Somente ao tronco, que devassa os ares,
    O raio ofende!

Que foi? Tupã mandou que ele caísse,
    Como viveu;
E o caçador que o avistou prostrado
    Esmoreceu!

Que temes, ó guerreiro? Além dos Andes
    Revive o forte,
Que soube ufano contrastar os medos
    Da fria morte.

III.

Em larga roda de novéis guerreiros
Ledo caminha o festival Timbira,
A quem do sacrifício cabe as honras.
Na fronte o canitar sacode em ondas,
O enduape na cinta se embalança,
Na destra mão sopesa a iverapeme[13],
Orgulhoso e pujante. — Ao menor passo
Colar d'alvo marfim, insígnia d'honra,
Que lhe orna o colo e o peito, ruge e freme,
Como que por feitiço não sabido
Encantadas ali as almas grandes
Dos vencidos Tapuias, inda chorem
Serem glória e brasão d'imigos[14] feros.

"Eis-me aqui", diz ao índio prisioneiro;
"Pois que fraco, e sem tribo, e sem família,
As nossas matas devassaste ousado,
Morrerás morte vil da mão de um forte."

Vem a terreiro o mísero contrário;
Do colo à cinta a muçurana[15] desce:
"Dize-nos quem és, teus feitos canta,
Ou — se mais te apraz —, defende-te". Começa
O índio, que ao redor derrama os olhos,
Com triste voz que os ânimos comove.

---

[13] Ver nota referente à maça sacrificial.

[14] Variação arcaica de inimigo.

[15] Ver nota sobre embira.

IV.

Meu canto de morte,
Guerreiros, ouvi:
Sou filho das selvas,
Nas selvas cresci;
Guerreiros, descendo
Da tribo tupi.

Da tribo pujante,
Que agora anda errante
Por fado inconstante,
Guerreiros, nasci:
Sou bravo, sou forte,
Sou filho do Norte;
Meu canto de morte,
Guerreiros, ouvi.

Já vi cruas brigas,
De tribos imigas,
E as duras fadigas
Da guerra provei;
Nas ondas mendaces[16]
Senti pelas faces
Os silvos fugaces
Dos ventos que amei.

Andei longes terras,
Lidei[17] cruas guerras,
Vaguei pelas serras
Dos vis Aimorés;

---

[16] Traiçoeiras.
[17] Lutei, pelejei.

Vi lutas de bravos,
Vi fortes — escravos!
De estranhos ignavos
Calcados aos pés.

E os campos talados[18],
E os arcos quebrados,
E os piagas coitados
Já sem maracás;
E os meigos cantores,
Servindo a senhores,
Que vinham traidores,
Com mostras de paz.

Aos golpes do imigo,
Meu último amigo,
Sem lar, sem abrigo
Caiu junto a mim!
Com plácido rosto,
Sereno e composto,
O acerbo desgosto
Comigo sofri.

Meu pai a meu lado
Já cego e quebrado,
De penas ralado,
Firmava-se em mim:
Nós ambos, mesquinhos,
Por ínvios caminhos,
Cobertos d'espinhos
Chegamos aqui!

---
[18] Arruinados, devastados, saqueados.

O velho, no entanto,
Sofrendo já tanto
De fome e quebranto,
Só qu'ria morrer!
Não mais me contenho,
Nas matas me embrenho,
Das frechas que tenho
Me quero valer.

Então, forasteiro,
Caí prisioneiro
De um troço guerreiro
Com que me encontrei:
O cru dessossego
Do pai fraco e cego,
Enquanto não chego,
Qual seja — dizei!

Eu era o seu guia
Na noite sombria,
A só alegria
Que Deus lhe deixou:
Em mim se apoiava,
Em mim se firmava,
Em mim descansava,
Que filho lhe sou.

Ao velho coitado
De penas ralado,
Já cego e quebrado,
Que resta? — Morrer.
Enquanto descreve
O giro tão breve

Da vida que teve,
Deixai-me viver!

Não vil, não ignavo,
Mas forte, mas bravo,
Serei vosso escravo:
Aqui virei ter.
Guerreiros, não coro
Do pranto que choro;
Se a vida deploro,
Também sei morrer.

V.

— Soltai-o! — diz o chefe. — Pasma a turba;
Os guerreiros murmuram: mal ouviram,
Nem pôde nunca um chefe dar tal ordem!
Brada segunda vez com voz mais alta,
Afrouxam-se as prisões, a embira cede,
A custo, sim; mas cede: o estranho é salvo.
— Timbira, diz o índio enternecido,
Solto apenas dos nós que o seguravam:
— És um guerreiro ilustre, um grande chefe,
Tu que assim do meu mal te comoveste,
Nem sofres que, transposta a natureza,
Com olhos onde a luz já não cintila,
Chore a morte do filho o pai cansado,
Que somente por seu na voz conhece.
— És livre; parte.
    — E voltarei.
      — Debalde.
— Sim, voltarei, morto meu pai.
      — Não voltes!

É bem feliz, se existe, em que não veja,
Que filho tem, qual chora: és livre; parte!
— Acaso tu supões que me acobardo,
Que receio morrer!
                — És livre; parte!
— Ora não partirei; quero provar-te
Que um filho dos Tupis vive com honra,
E com honra maior, se acaso o vencem,
Da morte o passo glorioso afronta.

— Mentiste, que um Tupi não chora nunca,
E tu choraste!... parte; não queremos
Com carne vil enfraquecer os fortes.

Sobresteve[19] o Tupi: — Arfando em ondas
O rebater do coração se ouvia
Precípite[20]. — Do rosto afogueado
Gélidas bagas de suor corriam:
Talvez que o assaltava um pensamento...
Já não... que na enlutada fantasia,
Um pesar, um martírio ao mesmo tempo,
Do velho pai a moribunda imagem
Quase bradar-lhe ouvia: — Ingrato! Ingrato!
Curvado o colo, taciturno e frio.
Espectro d'homem, penetrou no bosque!

---

[19] Deteve-se.
[20] Rápido, veloz.

VI.
— Filho meu, onde estás?
                            — Ao vosso lado;
Aqui vos trago provisões: tomai-as,
As vossas forças restaurai perdidas,
E a caminho, e já!
                    — Tardaste muito!
Não era nado o sol, quando partiste,
E frouxo o seu calor já sinto agora!

— Sim, demorei-me a divagar sem rumo,
Perdi-me nestas matas intrincadas,
Reaviei-me e tornei; mas urge o tempo;
Convém partir, e já!
                        — Que novos males
Nos resta de sofrer? — que novas dores,
Que outro fado pior Tupã nos guarda?
— As setas da aflição já se esgotaram,
Nem para novo golpe espaço intacto
Em nossos corpos resta.
                        — Mas tu tremes!
— Talvez do afã da caça...
                            – Oh! filho caro!
Um quê misterioso aqui me fala,
Aqui no coração; piedosa fraude
Será por certo, que não mentes nunca!
Não conheces temor, e agora temes?
Vejo e sei: é Tupã que nos aflige,
E contra o seu querer não valem brios.
Partamos!...
                — E com mão trêmula, incerta
Procura o filho, tateando as trevas
Da sua noite lúgubre e medonha.

Sentindo o acre odor das frescas tintas,
Uma ideia fatal correu-lhe à mente...
Do filho os membros gélidos apalpa,
E a dolorosa maciez das plumas
Conhece estremecendo: — Foge, volta,
Encontra sob as mãos o duro crânio,
Despido então do natural ornato!...
Recua aflito e pávido, cobrindo
Às mãos ambas os olhos fulminados,
Como que teme ainda o triste velho
De ver, não mais cruel, porém mais clara,
Daquele exício grande a imagem viva
Ante os olhos do corpo afigurada.

Não era que a verdade conhecesse
Inteira e tão cruel qual tinha sido;
Mas que funesto azar correra o filho,
Ele o via; ele o tinha ali presente;
E era de repetir-se a cada instante.
A dor passada, a previsão futura
E o presente tão negro, ali os tinha;
Ali no coração se concentrava,
Era num ponto só, mas era a morte!

— Tu prisioneiro, tu?
                — Vós o dissestes.
— Dos índios?
        — Sim.
                — De que nação?
                        — Timbiras.
— E a muçurana funeral rompeste,
Dos falsos manitôs quebrastes maça...

— Nada fiz... aqui estou.
            — Nada! —
                        Emudecem;
Curto instante depois prossegue o velho:
— Tu és valente, bem o sei; confessa,
Fizeste-o, certo, ou já não foras vivo!

— Nada fiz; mas souberam da existência
De um pobre velho, que em mim só vivia...
— E depois?...
            — Eis-me aqui.
                      — Fica essa taba?
— Na direção do sol, quando transmonta.
— Longe?
       — Não muito.
                      — Tens razão: partamos.
— E quereis ir?...
              — Na direção do acaso.

VII.

"Por amor de um triste velho,
Que ao termo fatal já chega,
Vós, guerreiros, concedestes
A vida a um prisioneiro.
Ação tão nobre vos honra,
Nem tão alta cortesia
Vi eu jamais praticada
Entre os Tupis — e mas foram
Senhores em gentileza."

"Eu porém nunca vencido,
Nem nos combates por armas,

Nem por nobreza nos atos;
Aqui venho, e o filho trago.
Vós o dizeis prisioneiro,
Seja assim como dizeis;
Mandai vir a lenha, o fogo,
A maça do sacrifício
E a muçurana ligeira:
Em tudo o rito se cumpra!
E quando eu for só na terra,
Certo acharei entre os vossos,
Que tão gentis se revelam,
Alguém que meus passos guie;
Alguém, que vendo o meu peito
Coberto de cicatrizes,
Tomando a vez de meu filho,
De haver-me por pai se ufane!"

Mas o chefe dos Timbiras,
Os sobrolhos encrespando,
Ao velho Tupi guerreiro
Responde com torvo[21] acento:

— Nada farei do que dizes:
É teu filho imbele[22] e fraco!
Aviltaria o triunfo
Da mais guerreira das tribos
Derramar seu ignóbil sangue:
Ele chorou de cobarde;
Nós outros, fortes Timbiras,
Só de heróis fazemos pasto. —

---

[21] Terrível, furioso.
[22] Fraco, débil, covarde.

Do velho Tupi guerreiro
A surda voz na garganta
Faz ouvir uns sons confusos,
Como os rugidos de um tigre,
Que pouco a pouco se assanha!

VIII.
"Tu choraste em presença da morte?
Na presença de estranhos choraste?
Não descende o cobarde do forte;
Pois choraste, meu filho não és!
Possas tu, descendente maldito
De uma tribo de nobres guerreiros,
Implorando cruéis forasteiros,
Seres presa de vis Aimorés."

"Possas tu, isolado na terra,
Sem arrimo e sem pátria vagando,
Rejeitado da morte na guerra,
Rejeitado dos homens na paz,
Ser das gentes o espectro execrado;
Não encontres amor nas mulheres,
Teus amigos, se amigos tiveres,
Tenham alma inconstante e falaz!"

"Não encontres doçura no dia,
Nem as cores da aurora te ameiguem,
E entre as larvas da noite sombria
Nunca possas descanso gozar:

Não encontres um tronco, uma pedra,
Posta ao sol, posta às chuvas e aos ventos,
Padecendo os maiores tormentos,
Onde possas a fronte pousar."

"Que a teus passos a relva se torre;
Murchem prados, a flor desfaleça,
E o regato que límpido corre,
Mais te acenda o vesano[23] furor;
Suas águas depressa se tornem,
Ao contacto dos lábios sedentos,
Lago impuro de vermes nojentos,
Donde fujas com asco e terror!"

"Sempre o céu, como um teto incendido,
Creste e punja teus membros malditos
E oceano de pó denegrido
Seja a terra ao ignavo Tupi!
Miserável, faminto, sedento,
Manitôs lhe não falem nos sonhos,
E do horror os espectros medonhos
Traga sempre o cobarde após si.

"Um amigo não tenhas piedoso
Que o teu corpo na terra embalsame,
Pondo em vaso d'argila cuidoso
Arco e frecha e tacape a teus pés!
Sê maldito, e sozinho na terra;
Pois que a tanta vileza chegaste,
Que em presença da morte choraste,
Tu, cobarde, meu filho não és."

---

[23] Louco, delirante.

IX.
Isto dizendo, o miserando velho
A quem Tupã tamanha dor, tal fado
Já nos confins da vida reservada,
Vai com trêmulo pé, com as mãos já frias
Da sua noite escura as densas trevas
Palpando. — Alarma! Alarma! — O velho para!
O grito que escutou é voz do filho,
Voz de guerra que ouviu já tantas vezes
Noutra quadra melhor. — Alarma! Alarma!
— Esse momento só vale a pagar-lhe
Os tão compridos trances, as angústias,
Que o frio coração lhe atormentaram
De guerreiro e de pai: — Vale, e de sobra.
Ele que em tanta dor se contivera,
Tomado pelo súbito contraste,
Desfaz-se agora em pranto copioso,
Que o exaurido coração remoça[24].

A taba se alborota[25], os golpes descem,
Gritos, imprecações profundas soam,
Emaranhada a multidão braveja,
Revolve-se, enovela-se confusa,
E mais revolta em mor furor se acende.
E os sons dos golpes que incessantes fervem,
Vozes, gemidos, estertor de morte
Vão longe pelas ermas serranias
Da humana tempestade propagando
Quantas vagas de povo enfurecido
Contra um rochedo vivo se quebravam.

---

[24] Renova, rejuvenesce.
[25] Agita, alvoroça.

Era ele, o Tupi; nem fora justo
Que a fama dos Tupis — o nome, a glória,
Aturado labor de tantos anos,
Derradeiro brasão da raça extinta,
De um jacto e por um só se aniquilasse.

— Basta! — clama o chefe dos Timbiras.
— Basta, guerreiro ilustre! Assaz lutaste,
E para o sacrifício é mister forças.

O guerreiro parou, caiu nos braços
Do velho pai, que o cinge contra o peito,
Com lágrimas de júbilo bradando:
"Este, sim, que é meu filho muito amado!
E pois que o acho enfim, qual sempre o tive,
Corram livres as lágrimas que choro,
Estas lágrimas, sim, que não desonram".

X.

Um velho Timbira, coberto de glória,
 Guardou a memória
Do moço guerreiro, do velho tupi!
E à noite, nas tabas, se alguém duvidava
 Do que ele contava,
Dizia prudente: "Meninos, eu vi!
Eu vi o brioso no largo terreiro
 Cantar prisioneiro
Seu canto de morte, que nunca esqueci:
Valente, como era, chorou sem ter pejo;
 Parece que o vejo,
Que o tenho nest'hora diante de mim.

"Eu disse comigo: Que infâmia d'escravo!
 Pois não, era um bravo;
Valente e brioso, como ele, não vi!
E à fé que vos digo: parece-me encanto
 Que quem chorou tanto,
Tivesse a coragem que tinha o Tupi!"

Assim o Timbira, coberto de glória,
 Guardava a memória
Do moço guerreiro, do velho Tupi.
E à noite nas tabas, se alguém duvidava
 Do que ele contava,
Tornava prudente: "Meninos, eu vi!".

Canção do tamoio

I.
Não chores, meu filho;
Não chores, que a vida
É luta renhida[1]:
Viver é lutar.
A vida é combate,
Que os fracos abate,
Que os fortes, os bravos
Só pode exaltar.

II.
Um dia vivemos!
O homem que é forte
Não teme da morte;
Só teme fugir;
No arco que entesa
Tem certa uma presa,
Quer seja tapuia[2],
Condor ou tapir[3].

---

[1] Intensa, encarniçada, cruenta, violenta.

[2] Segundo o *Dicionário da língua tupi*, organizado por Gonçalves Dias, *tapuia* significa gentio. O termo era utilizado para designar todos os indígenas que não falavam o tupi antigo ou qualquer outro povo inimigo.

[3] Anta.

III.
O forte, o cobarde
Seus feitos inveja
De o ver na peleja
Garboso[4] e feroz;
E os tímidos velhos
Nos graves concelhos,
Curvadas as frontes,
Escutam-lhe a voz!

IV.
Domina, se vive;
Se morre, descansa
Dos seus na lembrança,
Na voz do porvir.
Não cures da vida!
Sê bravo, sê forte!
Não fujas da morte,
Que a morte há de vir!

V.
E pois que és meu filho,
Meus brios reveste;
Tamoio nasceste,
Valente serás.
Sê duro guerreiro,
Robusto, fragueiro[5],
Brasão dos tamoios
Na guerra e na paz.

---

[4] Elegante, distinto.
[5] Incansável, impetuoso.

VI.
Teu grito de guerra
Retumbe aos ouvidos
D'imigos transidos[6]
Por vil comoção;
E tremam d'ouvi-lo
Pior que o sibilo
Das setas ligeiras,
Pior que o trovão.

VII.
E a mão nessas tabas,
Querendo calados
Os filhos criados
Na lei do terror;
Teu nome lhes diga,
Que a gente inimiga
Talvez não escute
Sem pranto, sem dor!

VIII.
Porém se a fortuna,
Traindo teus passos,
Te arroja nos laços
Do imigo falaz!
Na última hora
Teus feitos memora,
Tranquilo nos gestos,
Impávido, audaz.

---

[6] Invadidos, perpassados, tomados por.

IX.
E cai como o tronco
Do raio tocado,
Partido, rojado
Por larga extensão;
Assim morre o forte!
No passo da morte
Triunfa, conquista
Mais alto brasão.

X.
As armas ensaia,
Penetra na vida:
Pesada ou querida,
Viver é lutar.
Se o duro combate
Os fracos abate,
Aos fortes, aos bravos,
Só pode exaltar.

Leito de folhas verdes

Porque tardas, Jatir, que tanto a custo
A voz do meu amor moves teus passos?
Da noite a viração[1], movendo as folhas,
Já nos cimos do bosque rumoreja.

Eu sob a copa da mangueira altiva
Nosso leito gentil cobri zelosa
Com mimoso tapiz[2] de folhas brandas,
Onde o frouxo luar brinca entre flores.

Do tamarindo a flor abriu-se, há pouco,
Já solta o bogari[3] mais doce aroma!
Como prece de amor, como estas preces,
No silêncio da noite o bosque exala.

Brilha a lua no céu, brilham estrelas,
Correm perfumes no correr da brisa,
A cujo influxo mágico respira-se
Um quebranto de amor, melhor que a vida!

A flor que desabrocha ao romper d'alva
Um só giro do sol, não mais, vegeta:
Eu sou aquela flor que espero ainda
Doce raio do sol que me dê vida.

---

[1] Vento suave e fresco, brisa.
[2] Forma arcaica para tapete.
[3] Flor branca muito perfumada, espécie de jasmim.

Sejam vales ou montes, lago ou terra,
Onde quer que tu vás, ou dia ou noite,
Vai seguindo após ti meu pensamento;
Outro amor nunca tive: és meu, sou tua!

Meus olhos outros olhos nunca viram,
Não sentiram meus lábios outros lábios,
Nem outras mãos, Jatir, que não as tuas
A arasóia[4] na cinta me apertaram.

Do tamarindo a flor jaz entreaberta,
Já solta o bogari mais doce aroma;
Também meu coração, como estas flores,
Melhor perfume ao pé da noite exala!

Não me escutas, Jatir! Nem tardo acodes
À voz do meu amor, que em vão te chama!
Tupã! Lá rompe o sol! Do leito inútil
A brisa da manhã sacuda as folhas!

---

[4] Nas notas do autor para o poema: "*Arasóia* era o fraldão de penas, moda entre eles. [...]".

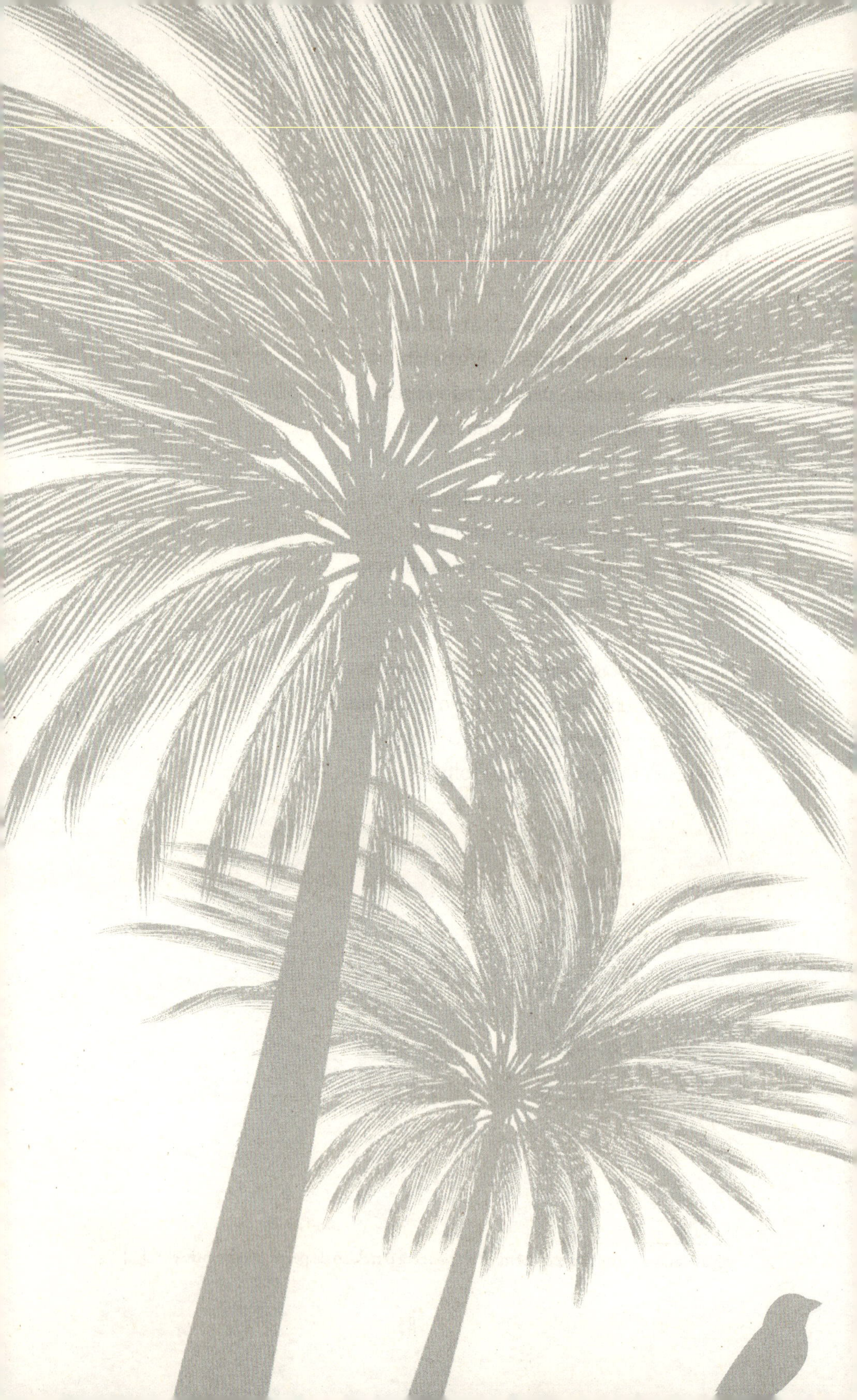

Novos cantos

Se se morre de amor

> *Meere und Berge und
> Horizonte zwischen den
> Liebenden — aber die Seellen
> versetzen sich Aus dem
> staubigen Kerker und trefen
> sich im Paradiese der Liebe.*
> Schiller, Die Räuber[1]

Se se morre de amor! — Não, não se morre,
Quando é fascinação que nos surpreende
De ruidoso sarau entre os festejos;
Quando luzes, calor, orquestra e flores
Assomos de prazer nos raiam n'alma,
Que embelezada e solta em tal ambiente
No que ouve, e no que vê prazer alcança!

Simpáticas feições, cintura breve,
Graciosa postura, porte airoso,
Uma fita, uma flor entre os cabelos,
Um quê mal definido, acaso podem
Num engano d'amor arrebatar-nos.
Mas isso amor não é; isso é delírio,
Devaneio, ilusão, que se esvaece
Ao som final da orquestra, ao derradeiro
Clarão, que as luzes no morrer despedem:
Se outro nome lhe dão, se amor o chamam,
D'amor igual ninguém sucumbe à perda.

---

[1] Mares e montanhas e / Horizontes entre os / Amantes — mas as almas / Se deslocam das / Prisões pulverosas e se encontram / no Paraíso do Amor.

Amor é vida; é ter constantemente
Alma, sentidos, coração — abertos
Ao grande, ao belo; é ser capaz d'extremos,
D'altas virtudes, té capaz de crimes!
Compr'ender o infinito, a imensidade,
E a natureza e Deus; gostar dos campos,
D'aves, flores, murmúrios solitários;
Buscar tristeza, a soledade, o ermo,
E ter o coração em riso e festa;
E à branda festa, ao riso da noss'alma
Fontes de pranto intercalar se custo;
Conhecer o prazer e a desventura
No mesmo tempo, e ser no mesmo ponto
O ditoso, o misérrimo dos entes:
Isso é amor, e desse amor se morre!

Amar, e não saber, não ter coragem
Para dizer que amor que em nós sentimos;
Temer qu'olhos profanos nos devassem
O templo, onde a melhor porção da vida
Se concentra; onde avaros recatamos
Essa fonte de amor, esses tesouros
Inesgotáveis, d'ilusões floridas;
Sentir, sem que se veja, a quem se adora
Compr'ender, sem lhe ouvir, seus pensamentos,
Segui-la, sem poder fitar seus olhos,
Amá-la, sem ousar dizer que amamos,
E, temendo roçar os seus vestidos,
Arder por afogá-la em mil abraços:
Isso é amor, e desse amor se morre!

Se tal paixão enfim transborda,
Se tem na terra o galardão devido
Em recíproco afeto; e unidas, uma,
Dois seres, duas vidas se procuram,
Entendem-se, confundem-se e penetram
Juntas — em puro céu d'êxtasis puros:
Se logo a mão do fado as torna estranhas,
Se os duplica e separa, quando unidos
A mesma vida circulava em ambos;
Que será do que fica, e do que longe

Serve às borrascas de ludíbrio e escárnio?
Pode o raio num pincaro caindo
Torná-lo dois, e o mar correr entre ambos;
Pode rachar o tronco levantado
E dois cimos depois verem-se erguidos,
Sinais mostrando da aliança antiga;
Dois corações porém, que juntos batem,
Que juntos vivem — se os separam, morrem;
Ou se entre o próprio estrago inda vegetam,
Ânsias cruas resumem do proscrito,
Que busca achar no berço a sepultura!

Esse, que sobrevive à própria ruína,
Ao seu viver do coração — às gratas
Ilusões, quando em leito solitário,
Entre as sombras da noite, em larga insônia,
Devaneando, a futurar venturas,
Mostra-se e brinca a apetecida imagem;
Esse, que à dor tamanha não sucumbe,
Inveja a quem na sepultura encontra
Dos males seus o desejado termo!

Ainda uma vez – adeus!

I.
Enfim te vejo! — enfim posso,
Curvado a teus pés, dizer-te,
Que não cessei de querer-te,
Pesar de quanto sofri.
Muito penei! Cruas ânsias,
Dos teus olhos afastado,
Houveram-me acabrunhado,
A não lembrar-me de ti!

II.
Dum mundo a outro impelido,
Derramei os meus lamentos
Nas surdas asas dos ventos,
Do mar na crespa cerviz[1]!
Baldão[2], ludíbrio da sorte
Em terra estranha, entre gente,
Que alheios males não sente,
Nem se condói do infeliz!

---

[1] Cabeça, cume, crista.

[2] Azar, desventura, trabalho em vão.

III.

Louco, aflito, a saciar-me
D'agravar minha ferida,
Tomou-me tédio da vida,
Passos da morte senti;
Mas quase no passo extremo,
No último arcar da esp'rança,
Tu me vieste à lembrança:
Quis viver mais e vivi!

IV.

Vivi; pois Deus me guardava
Para este lugar e hora!
Depois de tanto, senhora,
Ver-te e falar-te outra vez;
Rever-me em teu rosto amigo,
Pensar enquanto hei perdido,
E este pranto dolorido
Deixar correr a teus pés.

V.

Mas que tens? Não me conheces?
De mim afastas teu rosto?
Pois tanto pode o desgosto
Transformar o rosto meu?
Sei a aflição quanto pode,
Sei quanto ela desfigura,
E eu não vivi na ventura...
Olha-me bem, que sou eu!

VI.
Nenhuma voz me diriges!...
Julgas-te acaso ofendida?
Deste-me amor, e a vida
Que ma darias — bem sei;
Mas lembrem-te aqueles feros
Corações, que se meteram
Entre nós; e se venceram,
Mas sabes quanto lutei!

VII.
Oh! se lutei!... mas devera
Expor-te em pública praça,
Como um alvo à populaça,
Um alvo aos dictérios[3] seus!
Devera, podia acaso
Tal sacrifício aceitar-te
Para no cabo pagar-te,
Meus dias unindo aos teus?

VIII.
Devera, sim; mas pensava
Que de mim t'esquecerias,
Que, sem mim, alegres dias
T'esperavam; e em favor
De minhas preces, contava
Que o bom Deus me aceitaria
O meu quinhão de alegria
Pelo teu quinhão de dor!

---
[3] Troças, zombarias, sarcasmos.

IX.
Que me enganei, ora o vejo;
Nadam-te os olhos em pranto,
Arfa-te o peito, e no entanto
Nem me podes encarar;
Erro foi, mas não foi crime,
Não te esqueci, eu to juro:
Sacrifiquei meu futuro,
Vida e glória por te amar!

X.
Tudo, tudo; e na miséria
Dum martírio prolongado,
Lento, cruel, disfarçado,
Que eu nem a ti confiei;
"Ela é feliz (me dizia)
Seu descanso é obra minha."
Negou-me a sorte mesquinha...
Perdoa, que me enganei!

XI.
Tantos encantos me tinham,
Tanta ilusão me afagava
De noite, quando acordava,
De dia em sonhos talvez!
Tudo isso agora onde para?
Onde a ilusão dos meus sonhos?
Tantos projetos risonhos,
Tudo esse engano desfez!

XII.
Enganei-me!... — Horrendo caos
Nessas palavras se encerra,
Quando do engano, quem erra,
Não pode voltar atrás!
Amarga irrisão[4]! reflete:
Quando eu gozar-te pudera,
Mártir quis ser, cuidei qu'era...
E um louco fui, nada mais!

XIII.
Louco, julguei adornar-me
Com palmas d'alta virtude!
Que tinha eu bronco e rude
Co'o que se chama ideal?
O meu eras tu, não outro;
Estava em deixar minha vida
Correr por ti conduzida,
Pura, na ausência do mal.

XIV.
Pensar eu que o teu destino
Ligado ao meu, outro fora,
Pensar que te vejo agora,
Por culpa minha, infeliz;
Pensar que a tua ventura
Deus *ab aeterno* a fizera,
No meu caminho a pusera...
E eu! Eu fui que a não quis!

---

[4] Escárnio, zombaria.

XV.
És doutro agora, e p'ra sempre!
Eu a mísero desterro
Volto, chorando o meu erro,
Dói-te de mim, pois me encontras
Em tanta miséria posto,
Que a expressão deste desgosto
Será um crime ante Deus!

XVI.
Dói-te de mim, que t'imploro
Perdão, a teus pés curvado;
Perdão!... de não ter ousado
Viver contente e feliz!
Perdão da minha miséria,
Da dor que me rala o peito,
E se do mal que te hei feito,
Também do mal que me fiz!

XVII.
Adeus qu'eu parto, senhora;
Negou-me o fado inimigo
Passar a vida contigo,
Ter sepultura entre os meus;
Negou-me nesta hora extrema,
Por extrema despedida,
Ouvir-te a voz comovida
Soluçar um breve Adeus!

XVIII.
Lerás porém algum dia
Meus versos, d'alma arrancados,
D'amargo pranto banhados,
Com sangue escritos — e então
Confio que te comovas,
Que a minha dor te apiade,
Que chores, não de saudade,
Nem de amor — de compaixão.

A sua voz

> *Por que ficasse a vida*
> *Por o mundo em pedaços*
> *repartida.*
> Camões. Canção IX.

Ouvi-a! A sua voz me despertava
Tudo quanto de bom conservo n'alma.
Retratado o pudor tinha no rosto,
E um suave dizer, um timbre doce
De voz, uma piedade estreme e santa,
Que as mais profundas chagas amimava,
D'ambrosia e de mel lhe ungia os lábios.

Ouvi-a! A sua voz era mais branda,
Mais impressiva que o cantar das aves!
A aragem qu'entre flores se desliza
E mal remexe a tímida folhagem,
A veia de cristal que triste soa,
O saudoso arrulhar de mansas pombas,
As próprias notas dum cantar longínquo
Ou de instrumento a conversar co'a noite,
Menos que a sua voz impressionavam!

Menos que a sua voz! — Os dois mais fortes,
Os dois mais puros sentimentos nossos
— A saudade e o amor — as mais profundas
Das merencórias[1] solidões da terra
— As florestas e o mar — um cismar vago,
Um devaneio, um êxtasis sem termo
D'alma perdida por um céu de amores,
Tanto como a sua voz não arroubavam!

Tanto como a sua voz! — somente o foram
Dulces notas de místicos saltérios[2]
Té nós de um astro em outro repetidas.
Foi isto o que senti, quando a escutava,
Fluente, harmoniosa, discorrendo
Em prática singela, sobre assuntos
Diversos, sobre flores, menos belas
Do que o seu rosto, e céus, com ela, puros.
Mas quem na ouvira conversar de amores,
Trouxera n'alma como uma harpa eólia[3],
Dia e noite vibrando,
Como um cantar dos anjos
Do coração a estremecer-lhe as fibras!

---

[1] Melancólicas, tristes.

[2] Instrumento musical de cordas, espécie de harpa com cordas e caixa de ressonância.

[3] Instrumento musical cujo material permite que as cordas sejam vibradas pelo vento. A harpa do vento deve seu nome ao deus grego dos ventos Eólo.

Obras póstumas

Que cousa é um ministro[1]

I.
O Ministro é a fênix que renasce
Das cinzas de outro, que lhe a vez cedeu:
Nasce num dia como o sol que nasce.
Morre numa hora como vil sandeu[2]!

Se nódoas tem, uma excelência as caia:
Mortal sublime, que não sabe rir,
Do vulgo inglório não pertence à laia.
Dará conselhos, se se lhe pedir!

Um bípede de pasta, não de barro,
Nos pés se firma por favor de Deus!
Dois fardas-rotas trotam trás do carro
Em ruços[3] magros como dois lebréus[4]

Agora, sim: temos a pátria salva,
Não fará este o que já o outro fez!
Grande estadista! Basta ver-lhe a calva,
D'homem assim não há dizer — talvez!

---

[1] De acordo com Manuel Bandeira em *Gonçalves Dias, esboço biográfico* (1952), esta sátira, enviada ao amigo Antônio Henriques Leal, era dirigida ao ministro do Império Sérgio Teixeira de Macedo.

[2] Louco, simplório, idiota, tolo.

[3] Cavalos de pelagem pardacenta, acastanhada.

[4] Cães de caça.

Vede-lhe a pasta, que de cheia estala
Só de projetos que farão feliz
A pátria ingrata, que seus feitos cala,
Ou mais que ingrata, o nome seu maldiz!

Vede-lhe o saco-carga de um jumento,
Com borlas[5] d'ouro e verde! — No costal[6],
Castigo do ordenança[7], lê-se atento
Projetos mil! Secretaria tal!

Cansai-vos pois! — Quem veste aquela farda
há de fazer o que mui bem quiser!
Vem-lhe com ela uma sabença em barda[8]!
Por isso acerta, quando Deus lá quer!

Se lhe lanças baldões[9] na própria cara
Diz a alguém que o defenda, e chega a si
Com intrínseco amor a pasta cara,
E exclama: "Ó pátria, morrerei por ti!".

Ó Codros, Cúrsios, Fábios, Cincinatos,
Carunchosos[10] heróis da antiga história,
Vinde-me aqui, e ponde-vos de rastos
Junto deste que vence a qualquer gloria!

---

[5] Enfeite em formato de bolas ou sinos de onde pendem fios trançados ou franjas; bolotas.
[6] Fardo ou mercadoria que se leva às costas.
[7] Soldado sob as ordens de superior hierárquico.
[8] Expressão popular para expressar o sentido de " em grande quantidade".
[9] Insultos, impropérios.
[10] Velhos, antiquados, ultrapassados.

Pois que faríeis vós? Verter do peito
O melhor sangue... Pela pátria acabar!
Imbecis! — pois mais vale com proveito
Da pátria à custa a vida flautear!

Ou se não, vede-me este que anafado[11],
Nédio[12], de cara alegre, ânimo audaz!
Faz de si quando quer um deputado,
Ministro quando quer! Mas que mal faz?

Notas-lhe a fronte de cuidados cheia,
Nuvens e nuvens vedes i[13] passar.
Como na praia turbilhões de areia,
Como em tormenta os vagalhões no mar!

Grande homem! Dize: que temor te afronta?
A nau do Estado salvarás talvez!...
Qual nau do Estado?! É a horrorosa conta
Dos ruços magros, que alugou por mês!

II.

Basta enfim, que é mortal feito com pasta,
Fardado, com teteias[14], com galão[15]!
Trata-se de comer — nada lhe basta:
Mas dizem que é sujeito à indigestão!

---

[11] Bem nutrido, gordo.

[12] Brilhante; de aspecto lustroso, devido à gordura.

[13] Aí.

[14] Enfeites, penduricalhos.

[15] Tira dourada ou prateada usada como distintivo de postos ou patentes em mangas e ombreiras da farda.

Trata-se de falar!... Aplaude-o junta,
Em peso a maioria — homem feliz!
Mais modesto que o Grego não pergunta,
Tem a certeza de que asneira diz!

Trata-se de escrever!... Vede em que espaço
Folhas e folhas de papel encheu!
Cem vezes mil em ruim papel de almaço
Soberbo assina o nome ilustre seu!

Mas num dia nefasto, a turbamulta[16]
Irosa vai-se à estátua do imortal.
Com duro esparto[17] o ilustre colo insulta
Té dar com ele em fundo lodaçal!

Logo, farda, florete, pendrucalhos
Vão para um canto a criar mofo lá!
Limpa-se o carro! Pensam-se os cavados,
Memento, homo[18]! — Está bem morto já!

Mesmo os sendeiros[19] dos dois fardas-rotas.
Na rua empacam, sem querer seguir!
Debalde os tosam[20] co'o tacão[21] das botas.
Deitam na rua a papelada: é rir!

---

[16] Multidão de gente em desordem.
[17] Fibra produzida de gramínea esparto, usada na fabricação de artesanato, cestaria e cordas.
[18] Tradução: "Lembre-se, homem!"
[19] Cavalos de carga.
[20] Surram, espancam.
[21] Salto.

Agora, pois, que não há dessa gente,
Vão nossas cousas caminhar a sós!
Mas que poeira vê se de repente
Lá no horizonte em direitura a nós!?

Inda um ministro! Grande Deus bendito!
Doirado d'inda agora, e fresco, e assim
Vem tão contente de se ver bonito,
No olhar parece que vos diz... Eu sim!

Eia, depressa! Meus dois fardas-rotas,
Toca de novo pasta e saco a encher.
Dá-lhe que dá-lhe co'o tacão das botas
Trás do ministro largando a correr!

E ei-lo que passa o homem doutro barro!
Que tem dois pés; mas por favor dos céus!
E os fardas-rotas lá vão trás do carro,
Nos rocins magros, como dois lebréus!

III.
Bípede, sim; mas a cair de bruços,
Não poderia ter-se em pé jamais,
Por isso marcham na vanguarda os ruços,
Sem terem culpa, pobres animais!

Dizem também; mas não o dou por certo,
Que um desses lesmas, já assim falou —
Foi um discurso de zurrar aberto,
Do senado um taquígrafo o tomou.

"Ó tu que tens de humano o gesto e o peito,
Se de humano é matar um bicho feio
Só porque o costado tem sujeito
A quem lhe soube pôr o sujo arreio.
A estas mataduras[22] tem respeito:
Pois te não move a rigidez do freio!

"Põe-me onde se use toda a crueldade,
Entre leões e tigres, e verei
Se neles achar posso a piedade,
Que em peito de ministros não achei!
Ali co'amor intrínseco e vontade
No capim por que morro, viverei!"

"Pois de algum deputado a resistência
Sabes domar, sem ser com fogo ou ferro.
Sabe também dar vida com clemência
A quem para perdê-la não fez erro."

Mais ia por diante o monstro horrendo
Co'o sermão, que ninguém lhe encomendara
Quando inimiga mão lhe foi batendo
Com o chicote estalador na cara!

---

[22] Ferida leve feita na pele do animal pelo roçar da sela. Defeito moral; falta censurável ou criminosa.

Ao doutor dos manuscritos

PETIÇÃO[1]

Senhor! Umas pobres traças
Dos fundos do Garnier,
Que lá estavão certo dia,
Quando sua senhoria
Lá foi fazer não sei quê,
Maldizem sua má sina
Ao lembrar seus doutos ditos

De ir vender seus manuscritos
Ao imperador da China;
E isto... Oh! vergonha! oh! dor!
Porque de quantos governos
Há neste mundo de Cristo,
O nosso, já está bem visto,
Que é de todos o pior.

Pois as sobreditas traças,
Com o respeito devido,
Lhe pedem seja servido
Revogar tais ameaças,
Atendendo ao seu direito,
Que humildes passam a expor!

---

[1] Saiu publicada sem nome de autor no *Correio Mercantil* de 23 de janeiro de 1862.

D'abord[2], parece mal feito
Que um tão inteiro sujeito.
Como é vossa senhoria,
Homeopata e doutor,
Honra e glória da Bahia.
E brasileiro como é,
Revele desses segredos,
Que nos dão sustos e medos
Em casa do Garnier!

Eis que França e Inglaterra
E americanos também
Ligam-se e em larga súcia[3]
Por mar em fora lá vem
A esta terra de mouros;
E perguntam: "Quem os tem
Esses divinos tesouros?
Venha aqui o doutor Plágio
A no-los vender... *God-Dam*[4]*!*"
E apenas aqui chegados,
Ficam todos endiabrados,
E soco velho, armas, fogo,
Murros e queixos quebrados,
Guerra e sangueiras fatais.
E de tantos males causa
Sereis, ó Marcos Mirais!

---

[2] Tradução do francês: Primeiramente, em primeiro lugar, inicialmente.
[3] Farra, festança.
[4] Provavelmente trata-se da expressão em inglês "God damn": Maldito(s).

Mas se isto não acontece;
Estas muitas suplicantes
Não podem sofrer caladas
Epigramas fulminantes
Contra este pobre governo!
É um governo paterno,
Senhor doutor — pai e amigo
Do povo traça —, modelo
De quantos governos há!
Pois qual outro ajuntará
Com cuidados incessantes
Essa imensa papelada,
Que é pasto, cama e morada
Destas cujas suplicantes?!

E eis as razões por que
(Fora mil outras razões
Que ofendem a cortesia)
Parecem indiscrições
O que vossa senhoria
Disse ao senhor Garnier.

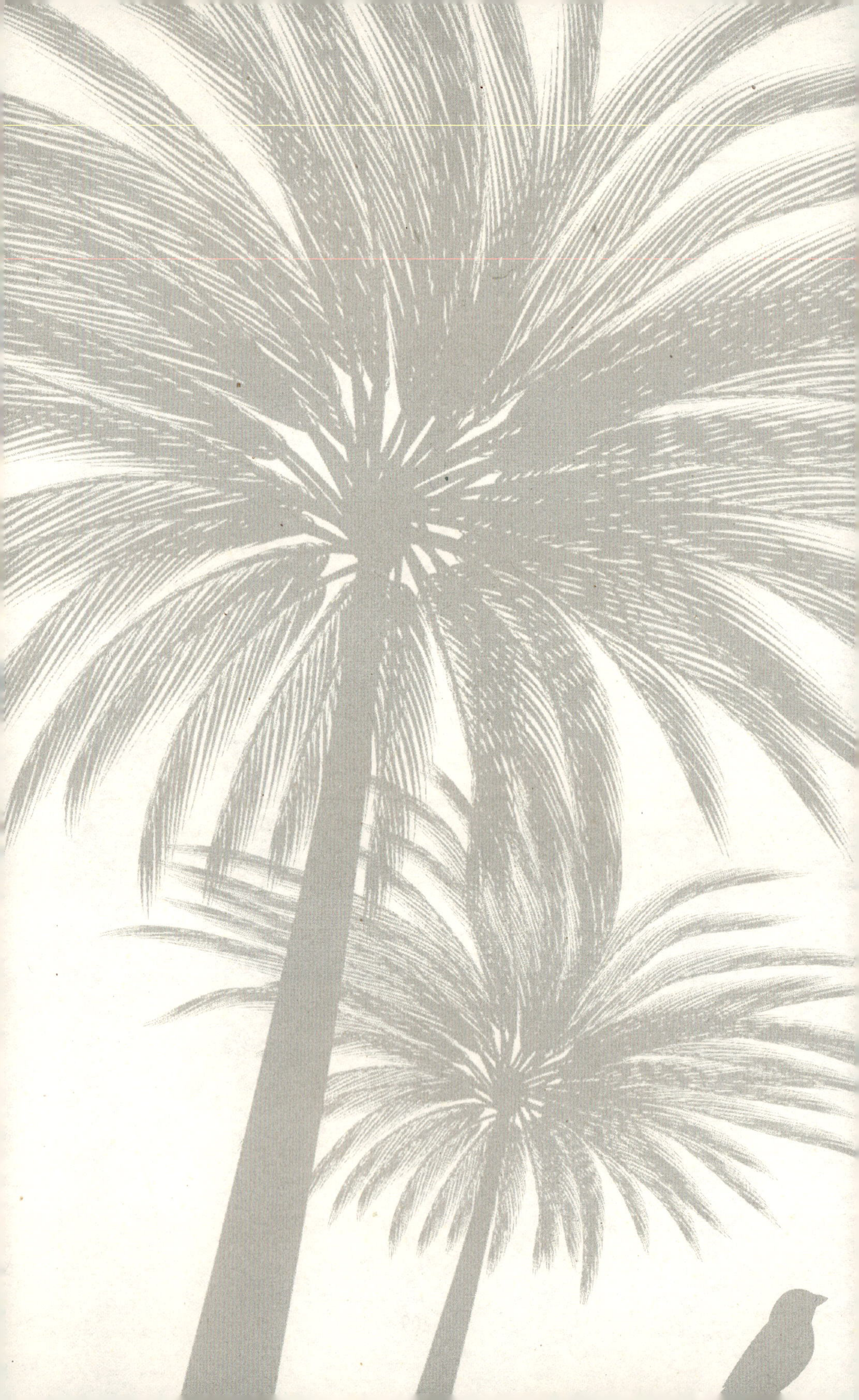

Os timbiras

Introdução

Os ritos semibárbaros dos Piagas,
Cultores de Tupã, a terra virgem
Donde como dum trono, enfim se abriram
Da cruz de Cristo os piedosos braços;
As festas, e batalhas malsangradas
Do povo Americano, agora extinto,
Hei de cantar na lira. — Evoco a sombra
Do selvagem guerreiro!... Torvo[1] o aspecto,
Severo e quase mudo, a lentos passos,
Caminha incerto — o bipartido arco
Nas mãos sustenta, e dos despidos ombros
Pende-lhe a rota aljava[2]... as entornadas,
Agora inúteis setas, vão mostrando
A marcha triste e os passos mal seguros
De quem, na terra de seus pais, embalde[3]
Procura asilo, e foge o humano trato.

Quem poderá, guerreiro, nos seus cantos
A voz dos piagas teus um só momento
Repetir; essa voz que nas montanhas
Valente retumbava, e dentro d'alma
Vos ia derramando arrojo[4] e brios[5],

---

[1] Terrível, assustador, sinistro.

[2] Recipiente para setas, largo e aberto na parte superior, e que era carregado nas costas, pendente no ombro.

[3] Em vão, inutilmente.

[4] Coragem, audácia, ousadia.

[5] Coragem, sentimento de honra e dignidade.

Melhor que taças de cauim fortíssimo?!
Outra vez a chapada e o bosque ouviram
Dos filhos de Tupã a voz e os feitos
Dentro do circo, onde o fatal delito
Expia o malfadado prisioneiro,
Qu'enxerga a maça e sente a muçurana
Cingir-lhe os rins a enodoar-lhe o corpo:
E sós de os escutar mais forte acento
Haveriam de achar nos seus refolhos[6]
O monte e a selva e novamente os ecos.

Como os sons do boré, soa o meu canto
Sagrado ao rudo povo americano:
Quem quer que a natureza estima e preza
E gosta ouvir as empoladas vagas
Bater gemendo as cavas[7] penedias[8],
E o negro bosque sussurrando ao longe —
Escute-me. — Cantor modesto e humilde,
A fronte não cingi de mirto e louro[9],
Antes de verde rama engrinaldei-a,
D'agrestes flores enfeitando a lira;
Não me assentei nos cimos do Parnaso[10],
Nem vi correr a linfa da Castália[11].
Cantor das selvas, entre bravas matas
Áspero tronco da palmeira escolho.

---

[6] No íntimo.
[7] Cova, vala.
[8] Com aglomeração de rochedos.
[9] Nesta estrofe, o poeta nega a tradição clássica, representada, por exemplo, na menção ao louro e mirto preteridos pelas ramas verdes e flores agrestes americanas.
[10] Cadeia de montanhas onde, segundo a mitologia grega, habitavam as musas e o deus Apolo.
[11] No mito, a linfa (ninfa) Castália foi perseguida por Apolo e para fugir ao assédio transformou-se em fonte. A fonte de Castália era um local onde se reuniam as musas e outras divindades.

Unido a ele soltarei meu canto,
Enquanto o vento nos palmares zune,
Rugindo os longos encontrados leques.

Nem só me escutareis fereza e mortes:
As lágrimas do orvalho por ventura
Da minha lira distendendo as cordas,
Hão de em parte ameigar e embrandecê-las.
Talvez o lenhador quando acomete
O tranco d'alto cedro corpulento,
Vem-lhe tingido o fio da segure
De puro mel, que abelhas fabricaram;
Talvez tão bem nas folhas qu'engrinaldo,
A acácia branca o seu candor[12] derrame
E a flor do sassafrás se estrele amiga.

---
[12] Candura, pureza.

Canto primeiro

Sentado em sítio escuso descansava
Dos Timbiras o chefe em trono anoso[13],
Itajuba, o valente, o destemido
Acossador das feras, o guerreiro
Fabricador das incansáveis lutas.
Seu pai, chefe também, também Timbira,
Chamava-se o Jaguar: dele era fama
Que os musculosos membros repeliam
A frecha sibilante, e que o seu crânio
Da maça aos tesos golpes não cedia.
Cria-se... e em que não crê o povo estulto[14]?
Que um velho piaga na espelunca horrenda
Aquele encanto, inútil num cadáver,
Tirara ao pai defunto, e ao filho vivo
Inteiro o transmitira: é certo ao menos
Que durante uma noite juntos foram
O moço e o velho e o pálido cadáver.
Mas acertando um dia estar oculto
Num denso tabocal, onde perdera
Traços de fera, que rever cuidava,
Seta ligeira atravessou-lhe um braço.
Mão d'imigo traidor a disparara,
Ou fora algum dos seus, que receoso
Do mal causado, emudeceu prudente.

---

[13] Com muitos anos, antigo.

[14] Ignorante.

Relata o caso, irrefletido, o chefe.
Mal crido foi! — por abonar seu dito,
Redobra d'imprudência —, mostra aos olhos
A traiçoeira frecha, o braço e o sangue.
A fama voa, as tribos inimigas
Adunam-se, amotinam-se os guerreiros
E as bocas dizem: o Timbira é morto!
Outras emendam: Mal-ferido sangra!
Do nome do Itajuba se despega
O medo — um só desastre venha, e logo
Esse encanto vai prestes converter-se
Em riso e farsa das nações vizinhas!
Os manitós, que moram pendurados
Nas tabas d'Itajuba, que as protejam:
O terror do seu nome já não vale,
Já defensão não é dos seus guerreiros!

Dos Gamelas um chefe destemido,
Cioso d'alcançar renome e glória,
Vencendo a fama, que os sertões enchia,
Saiu primeiro a campo, armado e forte
Guedelha[15] e ronco dos sertões imensos,
Guerreiros mil e mil vinham trás ele,
Cobrindo os montes e juncando[16] as matas,
Com pejado[17] carcás[18] de ervadas[19] setas
Tingidas d'urucu, segundo a usança
Bárbara e fera, desgarrados gritos
Davam no meio das canções de guerra.

---

[15] No sentido figurado guedelha pode significar: esperança, confiança, arrimo, amparo.

[16] Cobrindo, enchendo, espalhando-se.

[17] Cheio, pesado.

[18] Espécie de estojo onde se guardava as setas.

[19] Impregnadas ou umedecidas com suco de erva venenosa, envenenadas. Revestidas com ervas.

Chegou, e fez saber que era chegado
O rei das selvas a propor combate
Dos Timbiras ao chefe. "A nós só caiba,
(Disse ele) a honra e a glória; entre nós ambos
Decida-se a questão do esforço e brios.
Estes, que vês, impávidos guerreiros
São meus, que me obedecem; se me vences,
São teus; se és o vencido, os teus me sigam:
Aceita ou foge, que a vitória é minha."

Não fugirei, respondeu-lhe Itajuba,
Que os homens, meus iguais, encaram fito
O sol brilhante, e os não deslumbra o raio.

"Serás, pois que me afrontas, torna o bárbaro
Do meu valor troféu — e da vitória,
Qu'hei de certo alcançar, despojo opimo[20].
Nas tabas em que habito ora as mulheres
Tecem da sapucaia as longas cordas,
Que os pulsos teus hão de arrochar-te em breve;
E tu vil, e tu preso, e tu coberto
D'escárnio de d'irrisão[21]! — Cheio de glória,
Além dos Andes voará meu nome!"

O filho de Jaguar sorriu-se a furto[22]:
Assim o pai sorri ao filho imberbe,
Que, desprezado o arco seu pequeno,
Talhado para aquelas mãos sem forças,
Tenta doutro maior curvar as pontas,
Que vezes três o mede em toda altura!

---

[20] Rico, excelente, abundante.
[21] Escárnio, desprezo, depreciação.
[22] Às escondidas, ocultamente.

Travaram luta fera os dois guerreiros,
Primeiro ambos de longe as setas vibram,
Amigos manitôs, que ambos protegem,
Nos ares as desgarram. Do Gamela
Entrou a frecha trêmula num tronco
E só parou no cerne; a do Timbira,
Ciciando veloz, fugiu mais longe,
Roçando apenas os frondosos cimos
Encontraram-se valentes: braço a braço,
Alentando[23] açodados[24], peito a peito,
Revolvem fundo a terra aos pés, e ao longe
Rouqueja o peito arfado um som confuso.

Cena vistosa! quadro aparatoso!
Guerreiros velhos, à vitória afeitos,
Tamanhos campeões vendo n'arena,
E a luta horrível e o combate aceso,
Mudos quedaram de terror transidos[25].
Qual daqueles heróis há de primeiro
Sentir o egrégio[26] esforço abandoná-lo
Perguntam; mas não há quem lhes responda.

São ambos fortes: o Timbira ardido,
Esbelto como o tronco da palmeira,
Flexível como a frecha bem talhada,
Ostenta-se robusto o rei das selvas;
Seu corpo musculoso, imenso e forte
É como rocha enorme, que desaba
De serra altiva, e cai no vale inteira.

---

[23] Arfando, respirando.
[24] Acelerados, apressados.
[25] Dominados por algum sentimento ou sensação.
[26] Notável, distinto.

Não vale humana força desprendê-la
Dali, onde ela está: fugaz corisco[27]
Bate-lhe a calva fronte sem parti-la.

Separam-se os guerreiros um do outro,
Foi dum o pensamento — a ação foi d'ambos.
Ambos arquejam, descoberto o peito
Arfa, estua[28], eleva-se, comprime-se,
E o ar em ondas sôfregos respiram.
Cada qual, mais pasmado[29] que medroso,
Se estranha a força que no outro encontra,
A mal cuidada resistência o irrita.
Itajuba! Itajuba! — os seus exclamam.
Guerreiro, tal como ele, se descora
Um só momento, é dar-se por vencido.
O filho de Jaguar voltou-se rápido.
Donde essa voz partiu? Quem no aguilhoa[30]?
Raiva de tigre anuviou-lhe o rosto
E os olhos cor de sangue irados pulam.

"A tua vida a minha glória insulta!"
Grita ao rival, "e já demais viveste."
Disse, e como o condor, descendo a prumo
Dos astros, sobre o lhama descuidoso,
Pávido o prende nas torcidas garras,
E sobe audaz onde não chega o raio...
Voa Itajuba sobre o rei das selvas,
Cinge-o nos braços, contra si o aperta
Com força incrível: o colosso verga,

---

[27] Raio, faísca elétrica na atmosfera.
[28] Agita-se.
[29] Espantado, admirado.
[30] Fere com objeto pontiagudo, aferroa.

Inclina-se, desaba, cai de chofre,
E o pó levanta e atroa forte os ecos.
Assim cai na floresta um tronco anoso,
E o som da queda se propaga ao longe!

O fero vencedor um pé alçando,
Morre! — lhe brada — e o nome teu contigo!
O pé desceu, batendo a arca do peito
Do exânime vencido: os olhos turvos,
Levou, a extrema vez, o desditoso
Àqueles céus d'azul, àquelas matas,
Doce cobertas de verdura e flores!

Depois, erguendo o esquálido cadáver
Sobre a cabeça, horrivelmente belo,
Aos seus o mostra ensanguentado e torpe;
Então por vezes três o horrendo grito
Do triunfo soltou; e os seus três vezes
O mesmo grito em coro repetiram
Aquela massa enfim coa nos ares;
Porem na destra do feliz guerreiro
Dividem-se entre os dedos as melenas,
De cujo crânio marejava o sangue!

Transbordando ufania do sucesso
Inda recente, recordava as fases
Orgulhoso o guerreiro! Ainda escuta
A dura voz, inda a figura avista
Desse, que ousou atravessar-lhe as sanhas[31]:
Lembra-se! e da lembrança grato enlevo
Lhe coa n'alma em fogo: longos olhos

---

[31] Fúria, ira, raiva.

Enquanto assim medita, vai levando
Por onde o rio, em tortuosos giros,
Queixoso lambe as empedradas margens.
Assim o jugo seu não escorjassem[32]
Tredos[33] Gamelas co'a noturna fuga!
Pérfidos! o herói jurou vingar-se!
Tremei! qu'há de o valente debelar-vos[34]!
E enquanto segue o céu, e o rio, e as selvas,
Crescem-lhe brios, força — alteia o colo,
Fita orgulhoso a terra, onde não acha,
Nem crê achar quem lhe resista; eis nisto
Reconhece um dos seus, que pressuroso
Corre a encontrá-lo — rápido caminha;
Porém d'instante a instante, d'enfiado
Volta o pávido rosto, onde se pinta
O susto vil, que denuncia o fraco.
Ó filho de Jaguar — de longe brada,
Neste aperto nos vale —, ei-los se avançam
Pujantes contra nós, tão bastos, tantos,
Como enredados troncos na floresta.

Tu sempre tremes, Jurucei, tornou-lhe
Com voz tranquila e majestosa o chefe.
"O mel, que em falas sem cessar destilas,
Tolhe-te o esforço e te enfraquece a vista:

Amigos são talvez, amigas tribos,
Algum chefe, que tem conosco as armas,
Em sinal d'aliança, espedaçado:

---

[32] Compelissem, coagissem.
[33] Traidores, desleais.
[34] Vencer, sujeitar, dominar.

Vem talvez festajar o meu triunfo,
E os seus cantores celebrar meu nome.

"Não! não! Ouvi o som triste e sonoro
Das igaras[35], rompendo a custo as águas;
Dos remos manejados a compasso,
E os sons guerreiros do boré, e os cantos
Do combate; parece, d'irritado,
Tão grande peso agora a flor lhe corta,
Que o rio vai sorver as altas margens."

E são Gamelas? — perguntou-lhe o chefe.
"Vi-os, tornou-lhe Jurucei, são eles!"
O chefe dos Timbiras dentro d'alma
Sentiu ódio e vingança remordê-lo.
Rugiu a tempestade, mas lá dentro;
Cá fora retumbou, mas quase extinta.
Começa então com voz cavada e surda.

Irás tu, Jurucei, por mim dizer-lhes:
Itajuba, o valente, o rei da guerra,
Fabricador das incansáveis lutas,
Enquanto a maça não sopesa,[36] enquanto
Dormem-lhe as setas no carcás imóveis,
Of'rece-vos liança e paz — não ama,
Tigre repleto, espedaçar mais presas,
Nem quer dos vossos derramar mais sangue.
Três grandes Tabas, onde heróis pululam,
Tantos e mais que vós, tanto e mais bravos,
Caídas a seus pés, a voz lhe escutam.

---

[35] Canoa inteiriça, feita de casca de árvore.
[36] Suspende com as mãos.

Vós outros, atendei — cortai nas matas
Troncos robustos e frondosas palmas,
E construí cabanas — onde o corpo
Caiu do rei das selvas —, onde o sangue
Daquele herói, vossa perfídia atesta.
Aquela briga enfim de dois, tamanhos,
Sinalai; por que estranho caminheiro,
Amigas vendo e juntas nossas tabas,
E a fé, que usais guardar, sabendo, exclamem:
"Vejo um povo de heróis e um grande chefe!"

Disse: e vingando o cimo d'alto monte,
Que em roda largo espaço dominava
O atroador membi[37] soprou com força.
O tronco, o arbusto, a moita, a rocha, a pedra,
Convertem-se em guerreiros; — mais depressa,
Quando soa o clarim, núncio de guerra,
Não sopra, e escava a terra, e o ar divide
Co'as crinas flutuantes, o ginete,
Impávido, orgulhoso, em campo aberto.

Da montanha Itajuba os vê sorrindo,
Galgando vales, combros[38], serranias,
Coalhando o ar e o céu de feios gritos.
E folga, por que os vê correr tão prestes
Aos sons do cavo búzio[39] conhecido,
Já tantas vezes repetidos antes
Por vales e por serras; já não pode
Numerá-los, de tantos que se apinham;

---

[37] Flauta feita de osso de tíbia de caça e raramente de tíbia humana, usada por certas tribos indígenas do Brasil.
[38] Montes, outeiros, pequenas elevações de terreno.
[39] Instrumento de sopro.

Mas vendo-os, reconhece o vulto e as armas
Dos seus: "Tupã sorri-se lá dos astros,
— Diz o chefe entre si —, lá, descuidosos
Das folganças de Ibaque, heróis timbiras
Contemplam-me, das nuvens debruçados:
E por ventura de lhes ser eu filho
Enlevam-se, e repetem, não sem glória,
Os seus cantores d'Itajuba o nome."

Vem primeiro Jucá de fero aspecto.
Duma onça bicolor cai-lhe na fronte
A pel' vistosa; sob as hirtas cerdas[40],
Como sorrindo, alvejam brancos dentes,
E nas vazias órbitas lampejam
Dois olhos, fulvos, maus. — No bosque, um dia,
A traiçoeira fera a cauda enrosca
E mira nele o pulo; do tacape
Jucá desprende o golpe, e furta o corpo:
Onde estavam seus pés, as duras garras
Encravavam-se enganadas, e onde as garras
Morderam, beija a terra a fera exangue
E, morta, ao vencedor tributa um nome.

Vem depois Jacaré, senhor dos rios,
Ita-roca indomável, — Catucaba,
Primeiro sempre no combate, — o forte
Juçarana, — Poti ligeiro e destro,
O tardo Japeguá, — o sempre aflito
Piaíba, que espíritos perseguem:
Mojacá, Mopereba, irmãos nas armas,
Sempre unidos, ninguém não foi como eles!

---

[40] Hirtas cerdas: ásperos, eriçados pelos.

Lagos de sangue derramaram juntos;
Filhos e pais e mães d'imigas tabas
Odeiam-nos chorando, e a glória d'ambos,
Assim chorada, mais e mais se exalta:
Samotim, Pirajá, e outros infindos,
Heróis também, aos quais faltou somente
Nação menor, menos guerreira tribo.

Japi, o atirador, quando escutava
Os sons guerreiros do membi troante,
Na tesa corda frecha embebe inteira,
E mira um javali que os alvos dentes,
Navalhados, remove: para, escuta...
Volvem-lhe os mesmos sons: Bate-lhe o peito,
Os olhos pulam, — solta horrendo grito,
Arranca e roça a fera!... a fera atônita,
Aterrada, transida, treme, erriça
As duras cerdas; tiritante, pávida,
Esgazeando os olhos fascinados,
Recua: um tronco só lhe embarga os passos.
Por longo trato, de si mesma alheia,
Demora-se, lembrada: a custo o sangue
Volve de novo ao costumado giro,
Em quando o vulto horrendo se recorda!

"Mas onde está Jatir? — pergunta o chefe,
Que debalde o procura entre os que o cercam:
Jatir, dos olhos negros, que me luzem,
Melhor que o sol nascendo, dentro d'alma;
Jatir, que aos chefes todos anteponho,
Cuja bravura e temerário arrojo
Folgo em reger e moderar nos prélios;
Esse, porque não vem, quando vos vindes?"

"— Corre Jatir no bosque, diz um chefe,
Bem sabes como: acinte se desgarra
Dos nossos, — anda só, talvez sem armas,
Talvez bem longe: acordo nele é certo,
Creio, de nos tacar assim de fracos!"—
Pais de Jatir, Ogib, entrara em anos;
Grosseiro cedro mal lhe firma os passos,
Os olhos pouco veem; mas de conselho
Valioso e prestante. Ali, mil vezes,
Havia com prudência temperado
O juvenil ardor dos seus, que o ouviam.
Alheio agora da prudência, escuta
A voz que o filho amado lhe crimina.
Sopra-lhe o dizer acre a cinza quente,
Viva, acesa, antes brasa, — o amor paterno:
Amor inda tão forte na velhice,
Como no dia venturoso, quando
Cendi, que os olhos seus só viram bela,
Sorrindo luz de amor dos meigos olhos,
Carinhosa lho deu; quando na rede
Ouvia com prazer as ledas vozes
Dos companheiros seus, — e quando absorto,
Olhos pregados no gentil menino,
Bem longas horas, sim, porém bem doces
Levou cismando aventuradas sinas.
Ali o tinha, ali meigo e risonho
Aqueles tenros braços levantava;
Aqueles olhos límpidos se abriam
À luz da vida: cândido sorriso,
Como o sorrir da flor no romper d'alva,
Radiava-lhe o rosto: quem julgara,
Quem poderá aventar, supor ao menos

Haverem de apertar-se aqueles braços
Tão mimosos, um dia, contra o peito
Arquejante e cansado, — e aqueles olhos
Verterem pranto amargo em soledade?
Incrível! — porém lágrimas cresceram-lhe
Dos olhos, — lá tombou-lhe uma, das faces
No filho, em cujo rosto um beijo a enxuga.
Agora, Ogib, alheio da prudência,
Que ensina, imputações tão más ouvindo
Contra o filho querido, acre responde.

"São torpes os anuns que em bando folgam,
São maus os caitetus, que em varas pascem[41].
Somente o sabiá geme sozinho,
E sozinho o Condor aos céus remonta.
Folga Jatir de só viver consigo:
Em bem, que tens agora que dizer-lhe?
Esmaga o seu tacape a quem vos prende,
A quem vos dana, afoga entre os seus braços,
E em quem vos acomete, emprega as setas.
Fraco! não temes já que te não falte
O primeiro entre vós, Jatir, meu filho?"

Despeitoso Itajuba, ouvindo um nome,
Embora o de Jatir, apregoado
Melhor, maior que o seu, a testa enruga
E diz severo aos dois qu'inda argumentam.

Mais respeito, mancebo, ao sábio velho,
Qu'éramos nós crianças, manejava
A seta e o arco em defensão dos nossos.

---

[41] Pastam.

Tu, velho, mais prudência. Entre nós todos
O primeiro sou eu: Jatir, teu filho,
É forte e bravo; porém novo. Eu mesmo
Gabo-lhe o porte e a gentileza; e aos feitos
Novéis[42] aplaudo: bem maneja o arco,
Vibra certeira a frecha; mas... (sorrindo
Prossegue) afora dele inda há quem saiba
Mover tão bem as armas, e nos braços
Robustos, afogar fortes guerreiros.
Jatir virá, senão... serei convosco,
(Disse voltado para os seus, que o cercam)
E bem sabeis que vos não falto eu nunca."

Altercam eles nas ruidosas tabas,
Enquanto Jurucei com pé ligeiro
Caminha: as aves docemente atitam[43],
De ramo em ramo — docemente o bosque
A medo rumoreja, — a medo o rio
Escoa-se e murmura: um borborinho,
Confuso se propaga — um rio incerto
Dilata-se do sol doirando o ocaso.
Último som que morre, último raio
De luz, que treme incerta, quantos entes
Oh! quantos! hão de ver a luz de novo
E o romper d'alva, e os céus, e a natureza
Risonha e fresca — e os sons, e os ledos cantos
Ouvir das aves tímidas no bosque
Outra vez ao surgir da nova aurora?!

---

[42] Principiantes, inexperientes.

[43] Silvam, soltam gritos agudos.

Canto segundo

Desdobra-se da noite o manto escuro:
Leve brisa sutil pela floresta
Enreda-se e murmura — amplo silêncio
Reina por fim. Nem saberás tu como
Essa imagem da morte é triste e torva,
Se nunca, a sós contigo, a pressentisse
Longe deste zunir da turba inquieta.
No ermo, sim; procura o ermo e as selvas...
Escuta o som final, o extremo alento,
Que exala em fins do dia a natureza!
O pensamento, que incessante voa,
Vai do som à mudez, da luz às sombras
E da terra sem flor, ao céu sem astro.
Semelha a graça luz, qu'inda vacila
Quando, em ledo[44] sarau, o extremo acorde
No deserto salão geme, e se apaga!

Era pujante[45] o chefe dos Timbiras,
Sem conto seus guerreiros, três as tabas,
Opimas — uma e uma derramadas
Em giro, como dança dos guerreiros.
Quem não folgara de as achar nas matas!

---

[44] Alegre, feliz.
[45] Forte, poderoso, vigoroso.

Três flores em três hastes diferentes
Num mesmo tronco — três irmãs formosas
Por um laço de amor ali prendidas
No ermo; mas vivendo aventuradas?
Deu-lhes assento o herói entre dois montes,
Em chã copada de frondosos bosques.
Ali o cajazeiro as perfumava,
O cajueiro, na estação das flores,
De vivo sangue marchetava as folhas:
As mangas, curvas à feição de um arco,
Beijavam-lhes o teto; a sapucaia
Lambia a terra — em graciosos laços
Doces maracujás de espessas ramas
Sorriam-se pendentes; o pau-d'arco
Fabricava um dossel[46] de cróceas[47] flores,
E as parasitas de matiz brilhante
A úsnea[48] das palmeiras estrelavam!

Quadro risonho e grande, em que não fosse
Em granito eu em mármore talhado!
Nem palácios, nem torres avistaras,
Nem castelos que os anos vão comendo,
Nem grimpas[49], nem zimbórios[50], nem feituras
Em pedra, que os humanos tanto exaltam!
Rudas palhoças só! que mais carece
Quem há de ter somente um sol de vida,
Jazendo negro pó antes do ocaso?

---

[46] Cobertura.

[47] Amarelas, douradas, da cor do açafrão.

[48] Espécie de líquen que recobre as cascas das árvores.

[49] Elemento arquitetônico decorativo que dá acabamento a uma cobertura e serve, por vezes, para sustentar cataventos.

[50] Parte externa e superior da cúpula de um edifício, domo.

Que mais? Tão bem a dor há de sentar-se
E a morte revoar tão solta em gritos
Ali, como nos átrios dos senhores.
Tão bem a compaixão há de cobrir-se
De dó, limpando as lágrimas do aflito.
Incerteza voraz, tímida esp'rança,
Desejo, inquietação também lá moram;
Que sobra pois em nós, que falta neles?

De Itajuba separam-se os guerreiros;
Mudos, às portas das sombrias tabas,
Imóveis, nem que fossem duros troncos,
Pensativos meditam: Já da guerra
Nada receiam, que Itajuba os manda:
O encanto, os manitôs inda o protege,
Vela Tupá sobre ele, e os santos piagas
Comprida série de floridas quadras
Ver lhe asseguram: nem de há pouco a luta,
Melhor dissertas de renome ensejo,
Os desmentiu, que nunca os piagas mentem.
Medo, certo, não têm; são todos bravos!
Por que meditam pois? Também não sabem!

Sai o piaga no entanto da caverna,
Que nunca humanos olhos penetraram;
Com ligeiro cendal[51] os rins aperta,
Cocar de escuras plumas se debruça
Da fronte, em que se enxerga em fundas rugas
O tenaz pensamento afigurado.

---

[51] Tecido fino.

Cercam-lhe os pulsos cascavéis loquazes,
Respondem outros, no tripúdio[52] sacro
Dos pés. Vem majestoso, e grave, e cheio
Do Deus, que o peito seu, tão fraco, habita.
E enquanto o fumo lhe volteia em torno,
Como neblina em torno ao sol que nasce,
Ruidoso maracá nas mãos sustenta,
Solta do sacro rito os sons cadentes.

"Visita-nos Tupã, quando dormimos,
É só por seu querer que então sonhamos;
Escute-me Tupã! Sobre vós outros,
Poder do maracá por mim tangido,
Os sonhos desçam, quando o orvalho desce.
"O poder de Anhangá cresce co'a noite;
Solta de noite o mau seus maus ministros:
Caraibebes[53] na floresta acendem
A falsa luz, que o caçador transvia.
Caraibebes enganosas formas
Dão-nos aos sonhos, quando nós sonhamos.
Poder do fumo, que lhes quebra o encanto,
De vós se partam; mas Tupã vos olhe,
Descendo os sonhos, quando o orvalho desce.

"Tristonhos pios a acauã[54] desata,
Quando ao guerreiro prognostica males;
Tristonhos bandos de urubus vorazes

---

[52] Sapateado.

[53] Espíritos da floresta na mitologia indígena. Aqui, Gonçalves Dias reporta-se a uma das características desses espíritos, a capacidade de enganar, ludibriar, iludir.

[54] Ave da família dos falconiformes presente em todo Brasil. Conhecida, dependendo da região, como prenunciadora de males, de morte ou da chegada de forasteiros.

Os sonhos turbam das vencidas hostes:
Cheios de medo os manitôs desertam
As tabas mudas, que hão de ser calcadas,
Já cinza fria, pelo imigo fero.
Não fujam manitôs as nossas tabas!
Urubus, acauãs nos vossos sonhos,
Virtude e força deste meu tripúdio,
Não se vos pintem; mas Tupã vos olhe
Descendo os sonhos, quando o orvalho desce!"

"O sonho e a vida são dois galhos gêmeos;
São dois irmãos que um laço amigo aperta:
A noite é o laço; mas Tupã é o troco
E a seve e o sangue que circula em ambos.
Vive melhor que da existência ignaro,
Na paz da noite, novas forças cria.
O louco vive com aferro, enquanto
N'alma lhe ondeiam do delírio as sombras,
De vida espúrias; Deus porém lhas rompe
E na loucura do porvir nos fala!
Tupã vos olhe, e sobre vós do Ibaque[55]
Os sonhos desçam, quando o orvalho desce."

Assim cantava o piaga merencório,
Tangia o maracá, dançava em roda
Dos guerreiros: pudera ouvido atento
Os sons finais da lúgubre toada
Na plácida mudez da noite amiga
De longe em coro ouvir: "Sobre nós outros
Os sonos desçam, quando o orvalho desce."
Calou-se o piaga, já descansam todos!

---

[55] No *Dicionário da língua tupi*, Gonçalves Dias, traduz "ibáke" como céu.

Almo[56] Tupã os comunique em sonhos,
E os que sabem tão bem vencer batalhas,
Quando acordados malbaratam golpes
Saibam dormidos figurar triunfos!

Mas que medita o chefe dos Timbiras?
Bosqueja[57] por ventura ardis de guerra,
Fabrica e enreda as ásperas ciladas,
E a olhos nus do pensamento enxerga
Desfeita em sangue revolver-se em gritos
Morte pávida e má?! Ou sente e avista,
Escandecida[58] a mente, o Deus da guerra
Impávido Aresqui[59], sanhudo e forte,
Calcar aos pés cadáveres sem conto,
Na destra ingente[60] sacudindo a maça,
Donde certeira como o raio, desce
A morte, e banha-se orgulhosa — em sangue?

Al sente o bravo; outro pensar o ocupa!
Nem Aresqui, nem sangue se lhe antolha[61],
Nem resolve consigo ardis de guerra,
Nem combates, nem lágrimas medita:
Sentiu calar-lhe n'alma em sentimento
Gelado e mudo, como o véu da noite.
Jatir, dos olhos negros, onde para?
Que faz? Que lida? Ou que fortuna corre?

---

[56] Benigno, que alenta.
[57] Planeja, esboça, imagina.
[58] Inflamada, ardente.
[59] Deus da guerra.
[60] Grande, forte.
[61] Afigura-se, mostra-se, põe-se diante dos olhos.

Três sóis já são passados: quanto espaço,
Quanto azar não correu nos amplos bosques
O impróvido[62] mancebo aventureiro?
Ali na relva a cascavel se esconde,
Ali, das ramas debruçado, o tigre
Aferra traiçoeiro a presa incauta!
Reserve-lhe Tupã mais fama e glória,
E voz amiga de cantor suave
C'os altos feitos lhe embalsame o nome!

Assim discorre o chefe, que em nodoso
Tronco rudo-lavrado se recosta:
Não tem poder a noite em seus sentidos,
Que a mesma ideia de contínuo volvem.
Vela e treme nos tetos da cabana
A baça luz das resinosas tochas,
Acres perfumes recendendo — alastram
De rubins cor de brasa a flor do rio!

"Ouvira com prazer um triste canto,
Diz lá consigo; um canto merencório.
Que este presságio fúnebre espancasse[63].
Bem sinto um não sei quê aferventar-se-me
Nos olhos, que vai prestes expandir-se:
Não sei chorar, bem sei; mas fora grato,
Talvez bem grato! À noite, e a sós comigo,
Sentir macias lágrimas correndo.
O talo agreste de um cipó sem graça
Verte compridas lágrimas cortado;

---

[62] Imprudente, incauto.

[63] Afastasse, afugentasse.

O tronco do cajá desfaz-se em goma,
Suspira o vento, o passarinho canta,
O homem cora! Eu só, mais desditoso,
Invejo o passarinho, o tronco, o arbusto,
E quem, feliz, de lágrimas se paga".

Longo espaço depois falou consigo,
Mudo e sombrio: "Sabiá das matas,
Croá (diz ele ao filho d'Iandiroba),
As mais canoras aves, as mais tristes
No bosque, a suspirar contigo aprendam.
Canta, pois que trocara de bom grado
Os altos feitos pelos doces carmes
Quem quer que os escutou, mesmo Itajuba".

Emudeceu: na taba quase escura,
Com pé alterno a dança vagarosa,
Aos sons do maracá, traçava os passos.
"Flor de beleza, luz de amor, Coema,
Murmurava o cantor, onde te foste,
Tão doce e bela, quanto o sol raiava?
Coema, quanto amor que nos deixaste?
Eras tão meiga, teu sorrir tão brando,
Tão macios teus olhos! teus acentos
Cantar perene, tua voz gorjeios,
Tuas palavras mel! O romper d'alva,
Se encantos punha a par dos teus encantos
Tentava embalde pleitear[64] contigo!
Não tinha a ema porte mais soberbo,
Nem com mais graça recurvava o colo!
Coema, luz de amor, onde te foste?

---
[64] Competir.

"Amava-te o melhor, o mais guerreiro
Dentre nós: elegeu-te companheira,
A ti somente, que só tu achavas
Sorriso e graça na presença dele.
Flor, que nasceste no musgoso cedro,
Cobravas páreas de abundante seiva,
Tinhas abrigo e proteção das ramas...
Que vendaval te despegou do tronco,
E ao longe, em pó, te esperdiçou no vale?
Coema, luz de amor, flor de beleza,
Onde te foste, quando o sol raiava?

"Anhangá rebocou estreita igara
Contra a corrente: Orapacém vem nela,
Orapacém, Tupinambá famoso.
Conta prodígios duma raça estranha,
Tão alva como o dia, quando nasce,
Ou como a areia cândida e luzente,
Que as águas dum regato sempre lavam.
Raça, a quem os raios prontos servem,
E o trovão e o relâmpago acompanham.
Já de Orapacém os mais guerreiros
Mordem o pó, e as tabas feitas cinza
Clamam vingança em vão contra os estranhos,
Talvez d'outros estranhos perseguidos,
Em punição talvez d'atroz delito.
Orapacém, fugindo, brada sempre:
Mair[65]! Mair! Tupã! — Terror que mostra,
Brados que solta, e as derrocadas tabas,
Desde Tapuitapera alto proclamam

---

[65] Herói mítico civilizador que ensinou os tupinambás a plantar, utilizar o fogo, fabricar instrumentos e ditou normas de comportamento social, sendo considerado como o grande ancestral tupi.

Do vencedor a indômita pujança.
Ai! não viesse nunca as nossas tabas
O tapuia mendaz[66], que os bravos feitos
Narrava do Mair; nunca os ouviras,
Flor de beleza, luz de amor, Coema!

"A cega desventura, nunca ouvida,
Nos move à compaixão: prestes corremos
Com ledo gasalhado[67] a restaurá-los
Da vil dureza do seu fado: dormem
Nas nossas redes diligentes vamos
Colher-lhes frutos, — descansados folgam
Nas nossas tabas: Itajuba mesmo
Of'rece abrigo ao palrador[68] tapuia!
Hospedes são, nos diz; Tupã os manda:
Os filhos de tupã serão bem-vindos,
Onde Itajuba impera! — Ai que não eram,
Nem filhos de Tupã, nem gratos hóspedes
Os vis que o rio, a custo, nos trouxera;
Antes dolosa resfriada serpe[69]
Que ao nosso lar criou vida e peçonha.
Quem nunca os vira! porém tu, Coema,
Leda avezinha, que adejavas livre,
Asas da cor da prata ao sol abrindo,
A serpente cruel por que fitaste,
Se já do olhado mau sentias pejo[70]?!

---

[66] Falso, traiçoeiro, mentiroso.

[67] Hospedagem, bom acolhimento, agasalho.

[68] Falador, tagarela.

[69] Serpente.

[70] Vergonha, pudor.

"Ouvimos, uma vez, da noite em meio,
Voz de aflita mulher pedir socorro
E em tom sumido lastimar-se ao longe.
Opacém! — bradou feroz três vezes
O filho de Jaguar: clamou debalde.
Somente acode o eco à voz irada,
Quando ele o malfeitor no instinto enxerga.
Em sanhas rompe o chefe hospitaleiro,
E tenta com afã chegar ao termo,
Donde as querelas míseras partiam.
Chegou — já tarde! — nós, mais tardos inda,
Assistimos ao súbito espetáculo!

"Queimam-se raros fogos nas desertas
Margens do rio, quase imerso em trevas:
Afadigados no labor noturno,
Os traiçoeiros hóspedes caminham,
Pejando[71] à pressa as côncavas igaras.
Longe, Coema, a doce flor dos bosques,
Com voz de embrandecer duros penhascos,
Suplica e roja[72] em vão aos pés do fero,
Caviloso tapuia! Não resiste
Ao fogo da paixão, que dentro lavra,
O bárbaro, que a viu, que a vê tão bela!

"Vai arrastá-la, — quando sente uns passos
Rápidos, breves — volta-se: — Itajuba!
Grita; e os seus, medrosos, receiando
A perigosa luz, os fogos matam.

---

[71] Carregando.

[72] Atira-se, arroja-se, lança-se.

Mas, no extremo clarão que eles soltaram,
Viu-se Itajuba com seu arco em punho,
Calculando a distância, a força e o tiro:
Era grande a distância, a força imensa...

"E a raiva incrível, continua o chefe,
A antiga cicatriz sentindo abrir-se!
Ficou-me o arco em dois nas mãos partido,
E a frecha vil caiu-me aos pés sem força."
E assim dizendo nos cerrados punhos
De novo pensativo a fronte oprime.

"Sim, tornava o Cantor, imenso e forte
Devera o arco ser, que entre nós todos
Só um achou, que lhe vergasse as pontas,
Quando Jaguar morreu! — partiu-se o arco!
Depois ouviu-se um grito, após ruído,
Que as águas fazem no tombar de um corpo;
Depois — silêncio e trevas...

      — "Nessas trevas",
Replicava Itajuba "inteira a noite,
Louco vaguei, corri d'encontro às rochas,
Meu corpo lacerei nos espinheiros,
Mordi sem tino a terra já cansado:
Soluçavam porém meus frouxos lábios
O nome dela tão querido, e o nome...
Aos vis Tupinambás nunca os eu veja,
Ou morra, antes de mim, meu nome e glória
Se os não hei de punir ao recordar-me
A aurora infausta que me trouxe aos olhos
O cadáver...". Parou, que a estreita gorja
Recusa aos cavos sons prestar acento.

"Descansa agora o pálido cadáver,
Continua o cantor junto à corrente
Do regato, que volve areias d'ouro.
Ali agrestes flores lhe matizam
O modesto sepulcro, — aves canoras
Descantam tristes nênias ao compasso
Das águas, que também nênia soluçam.

"Suspirada Coema, em paz descansa
No teu florido e fúnebre jazigo;
Mas quando a noite dominar no espaço,
Quando a lua coar úmidos raios
Por entre as densas, buliçosas ramas,
Da cândida neblina veste as formas,
E vem no bosque suspirar co'a brisa:
Ao guerreiro, que dorme, inspira sonhos,
E à virgem, que adormece, amor inspira."

Calou-se o maracá rugiu de novo
A extrema vez, e jaz emudecido.
Mas no remanso do silêncio e trevas,
Como débil vagido, escutarias
Queixosa voz, que repetia em sonhos:
"Veste, Coema, as formas da neblina,
Ou vem nos raios trêmulos da lua
Cantar, viver e suspirar comigo".

Ogib, o velho pai do aventureiro
Jatir, não dorme nos vazios tetos:
Do filho ausente prendem-no cuidados;
Vela cansado e triste o pai coitado,
Lembrando-se desastres que passaram

Impróvidos, no bosque pernoitando.
E vela — e a mente aflita mais se enluta,
Quanto mais cresce a noite e as trevas crescem!

Já tarde, sente uns passos apressados,
Medindo a taba escura; o velho treme,
Estende a mão convulsa, e roça um corpo
Molhado e tiritante: a voz lhe falta...
Atende largo espaço, até que escuta
A voz do sempre aflito Piaíba,
Ao pé do fogo extinto lastimar-se.

"O louco Piaíba, à noite inteira,
Andou nas matas; miserando sofre;
O corpo tem aberto em fundas chagas,
E o orvalho gotejou fogo sobre elas;
Como o verme na fruta, um Deus maligno
Lhe mora na cabeça, oh! quanto sofre!

"Enquanto o velho Ogib está dormindo,
Vou-me aquecer;
O fogo é bom, o fogo aquece muito;
Tira o sofrer.
Enquanto o velho dorme, não me expulsa
D'ao pé do lar;
Dou-lhe a mensagem, que me deu a morte,
Quando acordar!
Eu via a morte; vi-a bem de perto
Em hora má!
Vi-a de perto, não me quis consigo,
Por ser tão má.
Só não tem coração, dizem os velhos,
E é bem de ver;

Que, se o tivera, me daria a morte,
Que é meu querer.
Não quis matar-me; mas é bem formosa;
Eu vi-a bem:
É como a virgem, que não tem amores,
Nem ódios tem.
O fogo é bom, o fogo aquece muito,
Quero-lhe bem!"

Remexe, assim dizendo, as frias cinzas
E mais e mais conchega-se o borralho.
O velho entanto, erguido a meio corpo
Na rede, escuta pávido, e tirita
De frio e medo — quase igual delírio
Castiga-lhe as ideias transtornadas.

"Já me não lembra o que me disse a morte!...
Ah! sim, já sei!
— Junto ao sepulcro da fiel Coema,
Ali serei:
Ogib emprazo[73], que a falar me venha
Ao anoitecer! —
O velho Ogib há de ficar contente
Co'o meu dizer;
Talvez que o velho, que viveu já muito,
Queira morrer!"
Emudeceu: alfim tornou mais brando.
"Mas dizem que a morte procura mancebos,
Porém tal não é:
Que colhe as florinhas abertas de fresco
E os frutos no pé?!...

---

[73] Convoco, designo, convido.

Não, não, que só ama sem folha as flores,
E sem perfeição;
E os frutos perdidos, que apanha gulosa,
Caídos no chão.
Também me não lembra que tempo hei vivido,
Nem por que razão
Da morte me queixo, que vejo, e não vê-me,
Tão sem compaixão."

As ânsias não vencendo, que o soçobram
Salta da curva rede Ogib aflito;
Trêmulo as trevas apalpando, topa,
E roja miserando aos pés do louco.

— "Oh! dize-me, se a viste, e se em tua alma
Algum sentir humano inda se aninha,
Jatir, que é feito dele?" Disse a morte
Haver-me cobiçado o moço imberbe,
A cara luz dos meus cansados olhos:
"Oh! dize-o! Assim o espírito inimigo
Folgados anos respirar te deixe!"
O louco ouviu nas trevas os soluços
Do velho, mas seus olhos nada alcançam:
Pasma, e de novo o seu cantar começa:
"Enquanto o velho dorme, não me expulsa
D'ao pé do lar."
     "Mas expulsei-te eu nunca?"
Tornava Ogib a desfazer-se em pranto,
Em ânsias de transido desespero.
Bem sei que um Deus te mora dentro d'alma;
E nunca houvera Ogib de espancar-te
Do lar, onde Tupã é venerado.

"Mas fala! oh! fala, uma só vez repete-o:
Vagaste à noite nas sombrias matas..."

— Silêncio! — brada o louco. — Não escutas?!
— E para, como ouvindo uns sons longínquos.
Depois prossegue: — Piaíba o louco
Errou de noite nas sombrias matas;
O corpo tem aberto em fundas chagas,
E o orvalho gotejou fogo sobre elas.
Geme e sofre e sente fome e frio,
Nem há quem de seus males se condoa.
Oh! tenho frio! o fogo é bom, e aquece,
Quero-lhe bem!
     — Tupã, que tudo podes
— Orava Ogib em lágrima desfeito —,
A vida inútil do cansado velho
Toma, se a queres; mas que eu veja em vida
Meu filho, só depois me colha a morte!

Canto terceiro

Era a hora em que a flor balança o cálix
Aos doces beijos da serena brisa,
Quando a ema soberba alteia o colo,
Roçando apenas o matiz relvoso;
Quando o sol em doirando os altos montes,
E as ledas aves à porfia[74] trinam.
E a verde coma[75] dos frondosos cerros
Move o perfume, que embalsama os ares;
Quando a corrente meio oculta soa
De sob o denso véu da parda névoa;
Quando nos panos das mais brancas nuvens
Desenha a aurora melindrosos quadros
Gentis orlados[76] com listões[77] de fogo;
Quando o vivo carmim do esbelto cáctus
Refulge a medo abrilhantado esmalte,
Doce poeira da aljofradas[78] gotas,
Ou pó sutil de pérolas desfeitas.

Era a hora gentil, filha de amores,
Era o nascer do sol, libando as meigas,
Risonhas faces da luzente aurora!

---

[74] Sem parar, sem descanso; em competição.

[75] Parte superior.

[76] Margeados, ornados em redor.

[77] Faixas.

[78] Orvalhadas.

Era o canto e o perfume, a luz e a vida,
Uma só coisa e muitas — melhor face
Da sempre vária e bela natureza:
Um quadro antigo, que já vimos todos,
Que todos com prazer vemos de novo.

Ama o filho do bosque contemplar-te,
Risonha aurora — ama acordar contigo —;
Ama espreitar nos céus a luz que nasce,
Ou rósea ou branca, já carmim, já fogo,
Já tímidos reflexos, já torrentes
De luz, que fere oblíqua os altos cimos.
Amavam contemplar-te os de Itajuba
Impávidos guerreiros, quando as tabas
Imensas, que Jaguar fundou primeiro
Cresciam, como crescem gigantescos
Cedros nas matas, prolongando a sombra
Longes nos vales — e na copa excelsa
Do sol estivo os abrasados raios
Parando em vasto leito de esmeraldas.
As três formosas tabas de Itajuba
Já foram como os cedros gigantescos
Da corrente empedrada: hoje acamados
Fósseis que dormem sob a térrea crusta[79],
Que os homens e as nações por fim sepultam
No bojo imenso! — Chame-lhe progresso
Quem do extermínio secular se ufana:
Eu modesto cantor do povo extinto
Chorarei nos vastíssimos sepulcros,
Que vão do mar ao Andes, e do Prata
Ao largo e doce mar das Amazonas.

---

[79] Crosta.

Ali me sentarei meditabundo
Em sítio, onde não ouçam meus ouvidos
Os sons frequentes d'europeus machados
Por mãos de escravos Afros manejados:
Nem veja as matas arrasar, e os troncos,
Donde chorando a preciosa goma,
Resina virtuosa e grato incenso
A nossa incúria[80] grande eterno asselam[81]:
Em sítio onde os meus olhos não descubram
Triste arremedo de longínquas terras.
Aos crimes das nações Deus não perdoa:
Do pai aos filhos e do filho aos netos,
Por que um deles de todo apague a culpa,
Virá correndo a maldição — contínua,
Como fuzis de uma cadeia eterna.
Virão nas nossas festas mais solenes
Miríade de sombras miserandas,
Escarnecendo, seca o nosso orgulho
De nação; mas nação que tem por base
Os frios ossos da nação senhora,
E por cimento a cinza profanada
Dos mortos, amassada aos pés de escravos.
Não me deslumbra a luz da velha Europa;
Há de apagar-se mas que a inunde agora;
E nós?... Sucamos[82] leite mau na infância,
Foi corrompido o ar que respiramos,
Havemos de acabar talvez primeiro.

América infeliz! — que bem sabia,
Quem te criou tão bela e tão sozinha,

---
[80] Negligência, falta de cuidado.
[81] Confirmam.
[82] Sugamos.

Dos teus destinos maus! Grande e sublime
Corres de polo a polo entre os sois mares
Máximos de globo: anos da infância
Contavas tu por séculos! que vida
Não fora a tua na sazão das flores!
Que majestosos frutos, na velhice,
Não deras tu, filha melhor do Eterno?!
Velho tutor e avaro cobiçou-te,
Desvalida pupila, a herança pingue[83]
E o brilho e os dotes da sem par beleza!
Cedeste, fraca; e entrelaçaste os anos
Da mocidade em flor — às cãs e à vida
Do velho, que já pende e já declina
Do leito conjugal imerecido
À campa, onde talvez cuida encontrar-te!

Tu, filho de Jaguar, guerreiro ilustre,
E os teus, de que então vós ocupáveis,
Quando nos vossos mares alinhadas
As naus de Holanda, os galeões de Espanha,
As fragatas de França, e as caravelas
E portuguesas naus se abalroavam,
Retalhando entre si vosso domínio,
Qual se vosso não fora? Ardia o prélio[84],
Fervia o mar em fogo à meia-noite,
Nuvem de espesso fumo condensado
Toldava astros e céus; e o mar e os montes
Acordavam rugindo aos sons troantes
Da insólita peleja! — Vós, guerreiros,
Vós, que fazíeis, quando a espavorida

---

[83] Lucrativa, rentosa.
[84] Luta, batalha, peleja.

Fera bravia procurava asilo
Nas fundas matas, e na praia o monstro
Marinho, a quem o mar, já não seguro
Reparo contra a força e indústria humana,
Lançava alheio e pávido na areia?
Agudas setas, válidos tacapes
Fabricavam talvez!... ai não... capelas,
Capelas enastravam[85] para ornato
Do vencedor — grinaldas penduravam
Dos alindados tetos, por que vissem
Os forasteiros, que os paternos ossos
Deixando atrás, sem manitôs vagavam,
Os filhos de Tupá como os hospedam
Na terra, a que Tupá não dera ferros!

Rompia a fresca aurora, rutilando
Sinais de um dia límpido e sereno.
Então vinham saindo os de Itajuba
Fortes guerreiros a contar os sonhos
Com que Tupá amigo os bafejara,
Quando as estrelas pálidas tombavam,
Já de clarão maior esmorecidas.
Vinham ledos ou tristes na aparência,
Timoratos ou cheios de ardimento,
Como o futuro evento se espelhava
Nos sonhos, bons ou maus; mas acordá-los
Disparatados, e o melhor de tantos
Coligir[86], era missão mais alta.

---

[85] Enfeitavam com fitas.
[86] Agrupar, reunir.

Não fosse o piaga intérprete divino,
Nem os seus olhos penetrantes vissem
O porvir, ao través do véu do tempo,
Como ao través do corpo a mente enxergam;
Não fosse, quem há i que se afoutasse[87]
Em campo de batalha a expor a vida,
A vida nossa tão querida, e tanto
Da flor a vida breve semelhando:
Roaz[88] inseto a vai traçando em giro,
Nem mais revive uma só vez cortada!

Mande porém Tupã seus gratos filhos,
Rogados sonhos, que os decifra o piaga:
E Tupã, de benigno os influi sempre
Em vesp'ras de batalha, como as chuvas
Descem, quando a terra humores pede,
Ou como, em sazão própria, brotam flores.

Postam-se em forma de crescente os bravos:
Ávida turba mulheril no entanto
O rito sacro impaciente aguarda.
Brincam na relva os folgazões meninos,
Enquanto os mais crescidos, contemplando
O aparato elétrico das armas,
Enlevam-se; e, mordidos pela inveja,
Discorrem lá consigo: — Quando havemos,
Nós outros, d'empunhar daqueles arcos,
E quando levaremos de vencida
As hostes vis do pérfido Gamela!

---

[87] (Se) atrevesse, ousasse.
[88] Destruidor, devastador.

Vem por fim Itajuba. O piaga austero,
Volvendo o maracá nas mãos mirradas,
Pergunta: — Foi o espírito convosco,
O espírito da força, e os ledos sonhos,
Ministros de Tupã, núncios da glória?
— Sim, foram — lhe respondem — ledos sonhos,
Correios de Tupã; mas o mais claro
É duro nó que o piaga só desata.
"Dizei-os pois que vos escuta o piaga"
Disse, e maneja o maracá: das bocas
Do mistério divino, em puros flocos
De neve, o fumo em borbotões golfeja.
Diz um que, divagando em matas virgens,
Sentira a luz fugir-lhe de repente
Dos olhos — se não foi que a natureza,
Por mágico feitiço transtornada,
Vestia por si mesma novas galas
E aspectos novos — nem as elegantes,
Viçosas trepadeiras, nem as redes
Agrestes do cipó já divisava.
Em lugar da floresta, uma clareira
Relvosa descobria, em vez da árvores
Tão altas, de que havia pouco o bosque
Parecia ufanar-se — um tronco apenas,
Mas tronco tal que os resumia a todos.

Ali sozinho o tronco agigantado
Luxuriava em folhas verde-negras,
Em flores cor de sangue, e na abundância
Dos frutos, como nunca os viu nas matas;
Tão alvos como a flor do mamãozeiro,
De macia penugem debruados[89].

---
[89] Rodeados.

"Extático de os ver ali tão belos
Tais frutos, que eu algures nunca vira,
O bárbaro dizia, fui colhendo
O melhor, por que o visse de mais perto.
Pesar de não saber se era salubre,
Ansiava gostá-lo, e em dura lida
Lutava o meu desejo co'a prudência.
Venceu aquele! ai não vencesse nunca!
Nunca, ludíbrio vão dos meus desejos,
Mordessem-no meus lábios ressequidos.
Contá-lo me arrepia! — Mal o toco,
Força-me a rejeitá-lo um quê oculto,
Que os nervos me estremece: a causa inquiro...
Eis que uma cobra, uma coral, de dentro
Desdobra o corpo lúbrico[90], e em três voltas,
Mas grata armila[91], me circunda o braço.
Da vista e do contato horrorizado,
Sacudo o estranho ornato; e vão me agito:
Com quanto mais afã tento livrar-me,
Mais apertado o sinto. — Nisto acordo,
Úmido o corpo e fatigado, e a mente
Molesta ainda do combate inglório.
O que é, não sei; tu sabes tudo, ó Piaga
Há i talvez razão que eu não alcanço,
Que certo isto não é sonhar batalhas."

— "Haja sentido oculto no teu sonho,
(Diz ao guerreiro o piaga) eu, que levanto
O véu do tempo, e aos mortais o mostro.

---

[90] Liso, escorregadio. Luxurioso.

[91] Argola, bracelete.

Dir-to-ei por certo; mas eu creio e tenho
Que algum gênio turbou-te a fantasia,
Talvez anguera[92] de traidor Gamela;
Que os Gamelas são pérfidos em morte,
Como em vida." — Assim é, diz Itajuba.

Outro sonhou caçadas abundantes,
Temíveis caitetus[93], pacas ligeiras,
Coatis e jabotins, — té onça e tigres,
Tudo em rimas, em feixes: outro em sonhos
Nada disto enxergou: porém cardumes
De peixes vários, que o timbó[94] prestante
Trazia quase à mão, se não fechados
Em mondés espaçosos! — gáudio[95] imenso!
De os ver ali raivando na estacada
Tão grandes serubins, trauíras tantas,
Ou boiando sem tino à flor da águas!

Outros não viram nem mondés, nem peixes,
Nem aves, nem quadrúpedes; mas grandes
Samotins transbordando argêntea espuma
Do fervente cauim; e por três noites
Girar em roda a taça do banquete,
Enquanto cada qual memora em cantos
Os feitos próprios: reina o guau[96], que passa
Destes àqueles com cadência alterna.

---

[92] Alma, espírito.
[93] Espécie de porco do mato, queixadas.
[94] Tipo de planta utilizada para atordoar os peixes para facilitar a pesca.
[95] Alegria, júbilo.
[96] Espécie de dança indígena.

"O piaga exulta! Eu vos auguro, ó bravos
Do herói Timbira (clama entusiasta)
Leda vitória! Nunca em nossas tabas
Haverá de correr melhor folgança,
Nem ganhareis jamais honra tamanha.
Bem sabeis como é de uso entre os que vencem
Festejar o triunfo: o canto e a dança
Marcham de par — banquetes se preparam,
E a glória da nação mais alta brilha!
Oh! nunca sobre as tabas de Itajuba
Haverá de nascer mais grata aurora!"

Soam festivos gritos, e as pocemas[97]
Dos guerreiros, que sôfregos escutam
Do piaga os ditos, e o feliz augúrio
Da próxima vitória. Não dissera,
Quem quer que fosse estranho aos usos deles,
Senão que por aquela densa pinha
De vulgo, se espalhara a fausta nova
De gloriosa ação já consumada,
Que os seus, validos da vitória, obraram.

Entanto Japeguá, posto de parte,
Enquanto lavra em todos o contágio
Da glória e do prazer — bem claro mostra
No rosto descontente o que medita.
"Prazer que em altos gritos se propala,
Discorre lá consigo o Americano,
É como a chama rápida correndo
Nas folhas da pindoba[98]: é falso e breve!"

---
[97] Gritos de guerra.
[98] Planta da família das palmáceas.

Atenta nele o chefe dos Timbiras,
Como que interno, igual pressentimento
Rejeita, seu mau grado, a voz do piaga.
"Que pensa Japeguá? Acaso em sonhos
Tremendo e torvo se lhe antolha o êxito
Da batalha? Ou seja, ou não conosco,
Que tarda em nos dizer seu pensamento?"

"Eu, vi", diz Japeguá (e assim dizendo,
Sacode vezes três a fronte adusta[99],
Onde gravara da prudência o selo
Contínuo meditar). "Vi altos combros
De mortos já polutos[100] — vi lagoas
Brutas de sangue impuro e negrejante;
Vi setas e carcás espedaçados,
Tacapes adentados, ou partidos
Ou já sem fio! — vi..." Eis Catucaba
Malsofrido intervém, interrompendo
A narração do sonhador de males.
Bravo e ardido como é, nunca a prudência
Lhe foi virtude, nem por tal a aceita.
Nunca o membi guerreiro em seus ouvidos
Troou medonho, inóspito combate,
Que às armas não corresse o valeroso,
Intrépido soldado; mais que tudo
Amava a luta, o sangue, vascas[101], transes,
Convulsos arrepios, altos gritos
Do vencedor, imprecações sumidas
Do que, vencido, jaz no pó sem glória.

---

[99] Ressequida, abrasada.
[100] Corruptos, profanados.
[101] Ansiedades, sofreguidões.

Sim, ama e quer o tráfego das armas
Talvez melhor que a si; nem mais risonha
Imagem se lhe antolha, nem há cousa
Que tenha em mais apreço ou mais cobice.
O p'rigo mesmo, o leite dos combates,
(Cauim das almas fortes o chamava)
Era sorte o condão que o eletrizava:
Um p'rigo que aventasse era feitiço,
Que em delírio de febre o transtornava.
Fanático de si, ébrio de glória,
Lá se arrojava intrépido e brioso,
Onde pior, onde mais negro o via.

Não eram dois na esquadra de Itajuba
De gênios em mais pontos encontrados:
Por isso em luta sempre. Catucaba,
Fragueiro, inquieto, sempre aventuroso,
Em cata de mais glória e mais renome,
Sempre à mira de encontros arriscados,
Sempre o arco na mão, sempre embebida
Na corda tesa a frecha equilibrada.
Ninguém mais solto em vozes, mais galhardo
No guerreiro desplante[102], ou que mostrasse
Atrevido e soberbo e forte em campo
Quer pujança maior, que mais orgulho.

Japeguá, corajoso, mas prudente,
Evitava o conflito, via o risco,
Media o seu poder e as posses dele
E o azar da luta e descansava em ócio.

---

[102] Atrevido, insolente.

Sua própria indolência revelava
Ânimo grande e não vulgar coragem.
Se fosse lá nos páramos da Líbia,
Deitado à sombra da árvore gigante,
O leão da Numídia bem pudera
Trilhar por junto dele os movediços
Combros da areia — amedrontando os ares
Com aquele bramir agreste e rudo,
Que as feras sem terror ouvir não sabem.
O índio ouvira impávido o rugido,
Sem que o terror lhe distinguisse as faces;
E ao rei dos animais voltando o rosto,
Somente porque mais a jeito o visse,
Viras ambos, sombrios, majestosos,
Contemplarem-se a espaço, destemidos;
D'estranheza o leão os seus rugidos
Na gorja sufocar, e a nobre cauda,
Entre medos e assomos de ardimento,
Mover de leve e irresoluto aos ventos!

Um — era a luz fugaz fácil prendida
Nas plumas do algodão: luz que deslumbra
E que em breve amortece: outro — faísca,
Que surda, pouco a pouco vai lavrando
Não vista e não sentida té que surge
Dum jato só, tornada incêndio e fumo.

"Que viste? diz-lhe o êmulo[103] brioso,
"Só coalheiras de sangue inficionado,
Só tacapes e setas bipartidas,
E corpos já corruptos?! Eia, ó fraco,

---
[103] Antagonista, rival.

Embora em ócio ignavo aqui descanses,
E nos misteres feminis te adestres!
Ninguém te chama à vida dos combates,
Não te almeja ninguém por companheiro,
Nem há de o sonho teu acobardar-nos.
É certo que haverá mortos sem conto,
Mas não seremos nós — setas partidas,
As nossas, não; tacapes amolgados[104]...
Mas os nossos verás mais bem talhantes[105],
Quando houverem partido imigos crânios.

"Herói, não em façanhas, mas nos ditos
Lidador[106] que a vileza d'alma encobres
Com frases descorteses — já te viram,
Pendentes braço e armas, contemplando
Os feitos meus, pesar que sou cobarde.
Essa infame tarefa que me incumbes
É minha, sim; mas por diverso modo:
Não ministro cauim às vossas festas;
Mas na refrega o meu trabalho é vosso.
Da batalha no campo achais defuntos,
Vossa glória e brasão, corpos sem conto,
Cujas feridas largas e profundas,
De largas e profundas, denunciam
A mão que as sói[107] fazer com tanto efeito.
Não tenho espaço, onde recolha os ossos,
Não tenho cinto, onde pendure os crânios,
Nem colar onde caibam tantos dentes,
De quantos venci já; por isso inteiros

---
[104] Deformados, esmagados, Por extensão, vencidos.
[105] Afiados, cortantes.
[106] Combatente, lutador.
[107] Tem por hábito, costuma.

Lá vô-los deixo, heróis; e vós lá ides,
Em que me não queirais por companheiros,
Rivais dos urubus, fortes guerreiros,
Fácil triunfo conquistar nas trevas,
Aos vorazes tatus roubando a presa."

Calou-se... e o vulgo rosna em torno d'ambos,
Deste ou daquele herói tomando as partes.
Pois quê?... há de ficar tamanha afronta
Impune, e não haveis levar das armas,
Por que o sangue a desbote e apague inteira?"

Diziam — e a tais ditos mais fermenta
A raiva em ambos; fazem-lhes terreiro,
Já verga o arco, já se entesa a corda,
Já batem pés no solo polvorento:
Correra o sangue de um, talvez o de ambos,
Que sobre os dois a morte, abrira as asas!

Silêncio! brada o chefe dos Timbiras,
Interposto severo em meio de ambos;
De um lado e outro a turba circunfusa[108]
Emudece — divide-as largo espaço,
De cujo centro gira os torvos olhos
O herói, e só de olhar lhe estende as raias.
Assim de altivo píncaro descamba
Enorme rocha, obstruindo o leito
De um rio caudaloso: as fundas águas
Latindo em vão na rocha volumosa
Separam-se, cavando novos leitos,
Enquanto o antigo se resseca e abrasa.

---

[108] Ao redor, espalhada em volta.

Silêncio! disse; e em torno os olhos gira,
Fúlgidos, negros: orgulhosas frontes,
Que aos golpes do tacape não se dobram
Em torno sobre o peito vão caindo
Uma após outra: altivo um só apenas
Rebelde arrosta[109] o olhar! — rápido golpe,
Rápido e forte, como o raio, o prostra
Na arena em sangue! Mosqueado[110] tigre,
Se cai no meio de preás medrosos,
Talvez no primo impulso algum aferra;
Mas vê que foge a turba espavorida,
Vulgacho imbele! — ao mísero que prende
E torce ainda nas compridas garras,
Longe, sem vida, desdenhoso o arroja.

Assim o herói. Por longo trato mudo,
Soberbo e grande alfim mostrando o rio,
Quedou sem mais dizer; o rio ao longe
As águas, como sempre, majestosas
Na gorja[111] das montanhas derramava,
Caudal, imenso. "Trás daqueles montes"
Diz Itajuba, "não sabeis quem seja?
Afronta e nome vil haja o guerreiro,
Que ousa lutas ferir, travar discórdias,
Quando o imigo boré tão perto soa."
Acorre o piaga em meio do conflito:
"Prudência, ó filho de Jaguar, exclama;
Nem mais sangue timbira se derrame,
Que já não basta por pagar-nos deste,
Que derramaste, quando houver nas veias

---

[109] Encara sem medo.
[110] Com manchas escuras espalhadas no corpo.
[111] Garganta, goela.

Dos pérfidos Gamelas. O que ouviste,
Que o forte Japeguá diz ter sonhado,
Assela o que Tupã me está dizendo
Cá dentro em mim nos decifrados sonhos,
Depois que os funestou propínquo[112] sangue."

"Devoto piaga (Mojacá prossegue)
Que vida austera e penitente vives
Dos rochedos na Iapa venerada,
Tu, dos gênios do Ibaque bem fadado,
Tu face a face com Tupã praticas
E vês nos sonos meus melhor qu'eu mesmo.
Escuta, e dize, ó venerando piaga
(Benévolo Tupã teus ditos ouça)
Anguera mau turbou-te a fantasia,
Aflito Mojacá, teu sonho mente."

Palavras tais no índio circunspecto,
Cujos lábios em vão nunca se abriram;
Guerreiro, cujos sonhos nunca foram,
Nem mesmo em risco estreito, pavorosos;
No vulgo frio horror vão trescalando,
Que entre a crença do piaga, e a deferência
Devida a tanto herói flutua incerta.
"Eu vi, diz ele, vi em taba imiga
Guerreiro, como vós, comado[113] e hirsuto[114]!
A corda estreita do cruento rito
Os rins lhe aperta: A dura tangapema
Sobre-está-lhe fatal — cantos se entoam
E a turba dançatriz em torno gira.

---

[112] Vindouro, iminente.

[113] Com cabeleira basta.

[114] Com cabelos longos, duros e grossos

Sono não foi, que o vi, como vos vejo;
Mas não vos direi já quem fosse o triste!
Se vísseis, como eu vi, a fronte altiva,
O olhar soberbo — aquela força grande,
Aquele riso desdenhoso e fundo...
Talvez um só, nenhum talvez se encontre,
Eu seja para estar no passo horrendo
Tão seguro de si, tão descansado!"

Acaso um tronco volumoso e tosco
De escamas fortes entre si travadas
Ali perto jazia. Ogib, o velho,
Pai do errante Jatir ali sentou-se.
Ali triste pensava, até que o sonho
Do aflito Mojacá veio acordá-lo.
"Tupã! que mal te fiz, que assim me colha
Do teu furor a seta envenenada?"
Com voz chorosa e trêmula clamava.
"Escuto os gabos que só cabem nele,
Vejo e conheço o costumado ornato
Do filho meu querido! Isto que fora,
A quem tão infeliz como eu não fosse,
Ventura grande, me constringe o peito!
Conheço o filho meu no que disseste,
Guerreiro, como a flor pelo perfume,
Como o esposo conhece a grata esposa
Pelas usadas plumas da araçoia,
Que entre as folhas do bosque à espaços brilha,
Ai! nunca brilhe a flor, se hão de roê-la
Insetos; nunca vague a linda esposa
No bosque, se há de as feras devorá-la!"

A dor que mostra o velho em todo o aspecto,
Nas vozes por soluços atalhadas,
Nas lágrimas que chora, os move a todos
A triste compaixão; mas mais àquele,
Que, antes do pobre pai, já todo angústias,
Da própria narração se enternecia.
Às querelas de Ogib volta o rosto
O fatal sonhador, — que, seu mau grado,
As setas da aflição tendo cravado
Nas entranhas de um pai, quer logo o suco,
Fresco e saudável, do louvor, na chaga
Verter-lhe, donde o sangue em jorros salta.

"Tal era, tão impávido (prossegue,
Fitando o velho Ogib o seu desplante,
Qual foi o de Jatir naquele dia,
Quando, novel nas artes do guerreiro,
Circundado se viu à nossa vista
D'imiga multidão: todos o vimos;
Todos da clara estirpe deslembrados,
Clamamos tristes, pávidos: "É morto!"
Ele porém que o arco usar não pode,
O válido tacape desprendendo,
Sacode-o, vibra-o: fere, prostra e mata
A este, àquele; e em volumosos feixes
Acerva[115] a turba vil, lucrando um nome.

Tapir, caudilho seu, que não suporta
Que um homem só e quase inerme, o cubra
De tamanho labéu, altivo brada:
"Cede-me, estulto, cede ao meu tacape

---
[115] Juntar, reunir.

Que nunca ameaçou ninguém debalde."
E assim dizendo vibra crebros[116] golpes,
Co'a bruta folha retalhando os ares!
Um coiro de tapir, em vez de escudo,
Rijo e piloso lhe guardava os membros.
Jatir, do arco seu curvando as pontas,
Sacode a seta fina e sibilante,
Que vara o couro e o corpo e surge fora.
Tomba de chofre o índio, e o som da queda
Remata o som que a voz não rematara.
Vista a pel' do tapir, que o resguardava,
Japi, mesmo Japi lhe inveja o tiro."

Todo o campo se aflige, todos clamam:
"Jatir! Jatir! o forte entre os mais fortes."
Ordem não há; mulheres e meninos
Baralham-se em tropel: o pranto, os gritos
Confundem-se: do velho Ogib entanto
Mal se percebe a voz "Jatir" gritando.

Itajuba por fim silêncio impondo
À turba mulheril, e à dos guerreiros
Nesta batalha: "Consultemos, disse,
Consultemos o piaga: às vezes pode
O santo velho, serenando o ibaque,
Amigo bom tornar o Deus malquisto."

Mas ora não! — responde o piaga iroso.
— Só quando ruge a negra tempestade,
Só quando a fúria d'Anhangá fuzila
Raios do escuro céu na terra aflita

---

[116] Repetidos.

Do piaga vos lembrais? Tanta lembrança,
Tarda e fatal, guerreiros! Quantas vezes
Não fui, em mesmo, nos terreiros vossos
Fincar o santo maracá? Debalde,
Debalde o fui, que à noite o achava sempre
Sem oferta, que aos Deuses tanto prazem!
Nu e despido o vi, como ora o vedes.
(E assim dizendo mostra o sacrossanto
Mistério, que de irado pareceu-lhes
Soltar mais rouco som no seu rugido)
Quem de vós se lembrou que o santo Piaga
Na lapa dos rochedos se mirrava
À pura míngua? Só Tupã, que ao velho
Deu não sentir os dentes aguçados
Da fome, que por dentro o remordia,
E mais cruel, passada entre os seus filhos!

Cegou-nos Anhangá, diz Itajuba,
Fincando o maracá nos meus terreiros,
Cegou-nos certo! — nunca o vi sem honras!
Que o vira, bom piaga... oh! não se diga
Que um homem só, dos meus, perece à míngua,
(Quem quer que seja, quanto mais um Piaga)
Quando campeam tantos homens d'arco
Nas tabas de Itajuba — tantas donas
Na cultura dos campos adestradas.
Hoje mesmo farei que ao antro escuro
Caminhem tantos dons, tantas ofertas,
Que o teu santo mistério há de por força,
Quer o queiras, quer não, dormir sobre elas!
Talvez a rica of'renda aplaca os Deuses,
E saudável conselho a noite inspira!"
Disse e sem mais dizer se acolhe à gruta.

À caça, ó meus guerreiros, brada o chefe;
Ledas donzelas ao cauim se apliquem,
Os meninos à pesca, à roça as donas,
Eia!" — Ferve o labor, reina o tumulto,
Que quase tanto val como a alegria,
Ou antes, só prazer que o povo gosta.

Já deslembrados do que ausente choram
(Favor das turbas que tão leve passas!)
Ledos no peito, ledos na aparência
Todos se incumbem da tarefa usada.

Trabalho no prazer, prazer que moras
Dentro de tanto afã! Festa que nasces
Sob auspícios tão maus, possa algum gênio,
Possa Tupã sorrir-te carinhoso,
E das alturas condoer-se amigo
Do triste, órfão de amor, e pai sem filho!

Canto quarto

Bem-vindo seja o fausto mensageiro,
O melífluo[117] Timbira, cujos lábios
Destilam sons mais doces do que os favos
Que errado caçador na brenha inculta
Por ventura topou! Hóspede amigo,
Ledo núncio de paz, que o território
Pisou de imigas hostes, quando a aurora
Despontava nos céus — bem-vindo seja!
Não luz mais brando e grato o romper d'alva
Que o teu sereno aspecto; nem mais doce
A fresca brisa da manhã cicia
Pela selvosa encosta, que a mensagem
Que o chefe imigo e fero anseia ouvir-te.
Melífluo Jurucei, bem-vindo sejas
Dos Gamelas ao chefe, Gurupema,
Senhor dos arcos, quebrador das setas,
Das selvas rei, filho de Icrá valente.

Assim consigo as hostes do Gamela:
Consigo só, que a usada gravidade
Já na garganta, a voz lhes retardava.
Não veio Jurucei? Posto de fronte,
Arco e frecha na mão feito pedaços,
Certo sinal do respeitoso encargo,

---

[117] De voz doce e harmoniosa.

Por terra não lançou? — Que pois augura
Tal vinda, a não ser que o audaz Timbira
Melhor conselho toma; e por ventura
De Gurupema receando as forças,
Amiga paz lhe of'rece, e em sinal dela
Do vencido Gamela o corpo entrega?!
Em bem! que a torva sombra vagarosa
Do outrora chefe seu há de aplacar-se,
Ouvindo a mesma voz das carpideiras,
E vendo no sarcófago depostas
As armas, que no ibaque hão de servir-lhe,
E junto ao corpo, que foi seu, as plumas,
Enquanto vivo, insígnias do mando.
Embora ostente o chefe dos Timbiras
O ganhado troféu; embora à cinta
Ufano prenda o gadelhudo crânio,
Aberto em croa, do infeliz Gamela.
Embora; mas porém amigas quedem
Do Timbira e Gamela as grandes tabas;
E largo em roda na floresta imperem,
Que o mundo em peso, unidas, afrontaram!

Nascia a aurora: do Gamela s hostes
Em pé, na praia, mensageiro aguardam
Sisudos, graves. Um caudal regato,
Cujo branco areal a prata imita,
Sereno ali volvia as mansas águas,
Como que triste de as levar ao rio,
Que ao mar conduz a rápida torrente
Por entre a selva umbrosa[118] e brocas[119] penhas[120].

---
[118] Que tem sombra, muito copada.

[119] Pontiagudas.

[120] Rocha, penhasco, rochedo de encosta ou serra.

Esta a praia! — em redor troncos gigantes,
Que a folhagem no rio debruçavam,
Onde beber frescor os galhos vinham,
Luxuriando em viço! — penduradas
Trepadeiras gentis da coma excelsa,
Estrelando do bosque o verde manto
Aqui, ali, de flores cintilantes,
Meneavam-se[121] ao vento, como fitas,
De que se enastra a coma a virgem bela.
Era um prado, uma várzea, um tabuleiro
Com mimoso tapiz de várias flores,
Agrestes, sim, mas belas. Gênio amigo
Chegou-lhe só a mágica vergasta[122]!
Ei-las a prumo ao longo da corrente
Com requebros louçãos[123] a enamorá-la!

A nós de embira aos troncos amarradas
Quase igaras em conto figuravam
Ousada ponte no correr das águas
Por força mais qu'humana trabalhada.

Vê-as e pasma Jurucei, notando
O imigo poderio, e seu mau grado
Vai lá consigo mesmo discorrendo:
"Muitos, certo e as nossas tabas fortes,
Itajuba invencível; mas da guerra
É sempre incerto o azar e sempre vário!
E... quem sabe? Talvez... Mas nunca, oh! nunca!
Itajuba! Itajuba! — onde há no mundo
Posses que valham contrastar seu nome?

---

[121] Balançam-se, movem-se de um lado para o outro alternadamente.
[122] Pequena vara.
[123] Belos, agradáveis de se ver.

Onde a seta que valha derribá-lo,
E a tribo ou povo que os Timbiras vençam?!"

Entre as hostes que a si tinha fronteiras
Penetra! — tão galhardo era o seu gesto,
Tão sereno e guerreiro o seu desplante
Que os Gamelas em si tão bem disseram:
— Missão de paz o traga, que se os outros
São tão feros assim, Tupã nos valha,
Sim, Tupã; que o não pode o rei das selvas!"

Hospedagem sincera entanto of'recem
A quem talvez não tardará buscá-los
Com fina seta no leal combate.
Às igaras o levam pressurosos,
Servem-lhe o piraquém[124] na guerra usado,
E os loiros dons do colmeal[125] agreste;
Servem-lhe amigos suculento pasto
Em banquete frugal; servem-lhe taças
(A ver se mais que a fome o instiga a sede)
Do espumoso cauim — taças[126] pesadas
Na funda noz da sapucaia abertas.
Sem temor o timbira vai provando
O mel, o piraquém, as iguarias;
Mas dos vinhos coíbe-se prudente.

Em remoto lugar forma conselho
O rei da selvas, Gurupema, enquanto
Restaura o mensageiro os lassos membros.
Chama primeiro Caba-oçu valente;

---

[124] Variedade de coco.
[125] Colmeias.
[126] Cabelos compridos.

As ríspidas melenas corredias
Cortam-lhe o rosto — pendem-lhe nas costas,
Hirtas e lisas, como o junco em feixes
Acamados no leito ressequido
D'invernosa corrente. O rosto feio
Aqui, ali negreja manchas negras
Como da bananeira a larga folha,
Colhida ao romper d'alva, qu'uma virgem
Nas mãos lascivas machucou brincando.

Valente é Caba-oçu; mas sem piedade!
Como sedenta fera almeja sangue
E de malvada ação cruel se paga.
Apressou em combate um seu contrário,
Que mais imigo tinha entre os imigos:
Da guerra os duros vínculos lançou-lhe
E a terreiro o chamou, como é de usança
Para o triunfo bélico adornado.
Fizeram-lhe terreiro os mais d'entorno:
Ele do sacrifício empunha a maça,
Impropérios assaca, vibra o golpe,
E antes que tombe o corpo, aferra os dentes
No crânio fulminado: jorra o sangue
No rosto, e em gorgulhões se expande o cérebro,
Que a fera humana rábida[127] mastiga!
E enquanto limpa à desgrenhada coma
Do sevo[128] pasto o esquálido sobejo[129],
Bárbaras hostes do Gamela torcem,
A tanto horror, o transtornado rosto.

---

[127] Raivosa, enfurecida.
[128] Sanguinário.
[129] Resto, sobra.

Vem Jepiaba, o forte entre os mais fortes,
Taiatu, Taiatinga, Nupançaba,
Tucura o ágil, Cravatá sombrio,
Andira, o sonhador de agouros tristes,
Que ele é primeiro a desmentir co'as armas,
Pirera que jamais não foi vencido,
Itapeba, rival de Gurupema,
Oquena, que por si vale mil arcos,
Escudo e defensão dos seus que ampara;
E outros, e muitos outros, cuja morte
Não foi sem glória no cantar dos bardos.
Guerreiros! Gurupema assim começa,
"Antes de ouvir o mensageiro estranho,
Consultar-vos me é força; a nós incumbe
Vingar do rei da selva a morte indigna.
Do que morreu, em que lhe seja eu filho,
E a todos nós da gloriosa herança
Compete o desagravo. Se nos busca
O filho de Jaguar, é que nos teme;
A nossa fúria por ventura intenta
Voltar a mais amigo sentimento.
Talvez do vosso chefe o corpo e as armas
Com larga pompa nos envia agora:
Basta-vos isto?
                    "Guerra! guerra!" exclamam.

Notai porém quanto é pujante o chefe,
Que os Timbiras dirige. Sempre o segue
Fácil vitória, e mesmo antes da luta
As galas triunfais dispõe seguro.

Embora, dizem uns; outros murmuram,
Que de tão grande herói, qualquer que seja
A oferta expiatória, em bem, se aceite.
Vacilam no conselho. A injúria é grande,
Bem fundo a sentem, mas bem grande é o risco.

"Se o orgulho desce a ponto no Timbira,
Que pazes nos propõe", diz Itapeba
Com dura voz e cavernoso acento,
Já está vencido! — Alguém pensa o contrário
(E com despeito a Gurupema encara)
Alguém, não eu! Se havemos de barato
Dar-lhe a vitória, humildes aceitando
O triste câmbio (a ideia só me irrita)
De um morto por um arco tão valente,
Aqui as armas vis faço pedaços
Em breve trato, e vou-me a ter com esse,
Que sabe leis ditar, mesmo vencido!"
Como tormenta, que rouqueja ao longe
E som confuso espalha em surdos ecos;
Como rápida frecha corta os ares,
Já perto soa, já mais perto brame,
Já sobranceira enfim roncando estala;
Nasce fraco rumor que logo cresce,
Avulta, ruge, horríssono ribomba.
Oquena! Oquena! o herói nunca vencido,
Com voz troante e procelosa exclama,
Dominando o rumor, que longe ecoa.

"Fujam tímidas aves aos lampejos
Do raio abrasador — medrosas fujam!
Mas não será que o herói se acanhe ao vê-los!
Itapeba, só nós somos guerreiros;

Só nos, que a olhos nus fitando o raio,
Da glória a senda estreita a par trilhamos.
Tens em mim quanto sou e quanto valho,
Armas e braço enfim!"

                        Eis rompe a densa
Turba que d'entorno d'Itapeba
Formidável barreira alevantava.
Quadro pasmoso! Os dois de mãos travadas,
Sereno o aspecto, plácido o semblante,
À fúria popular se apresentavam
De constância e valor somente armados.
Eram escolhos gêmeos, empinados,
Que a fúria de um vulcão ergueu nos mares.
Eterno ali serão co'os pés no abismo,
C'os negros cimos devassando as nuvens,
Se outra força maior os não afunda.
Ruge embalde o tufão, embalde as vagas
Do fundo pego à flor do mar borbulham!

Estranha a turba, e pasma o desusado
Arrojo, que jamais assim não viram!
Mas mais que todos Caba-oçu valente
Enleva-se da ação que o maravilha;
E de nobre furor tomado e cheio,
Clama altivo: "Eu também serei convosco,
Eu também, que a só mercê vos peço
De haver às mãos o pérfido Timbira.
Seja, o que mais lhe apraz invulnerável,
Que d'armas não careço por vencê-lo.
Aqui o tenho — aqui comigo o aperto,
Estreitamente o aperto nestes braços,
(E os braços mostra e os peitos musculosos)

Há de medir a terra já vencido,
E orgulho e vida perderá co'o sangue,
Arrã[130] soprada, que um menino espoca[131]!"

E bate o chão, e o pé na areia enterra,
Orgulhoso e robusto: o vulgo aplaude,
De prazer rancor e soltando gritos
Tão altos, tais, como se ali tivera
Aos pés, rendido e morto o herói Timbira.

Por entre os alvos dentes que branquejam,
Ri-se o prazer nos lábios do Gamela.
Ao rosto a cor lhe sobe, aos olhos chega
Fugaz clarão da raiva que aos Timbiras
Votou de há muito, e mais que tudo ao chefe,
Que o espolio paternal mostra vaidoso.

Com gesto senhoril silêncio impondo
Alegre aos três a mão calosa of'rece,
Rompendo nestas vozes: "Desde quando
Cabe ao soldado pleitear combates
E ao chefe em ócio vil viver seguro?
Guerreiros sois, que os atos bem no provam;
Mas se vos não apraz ter-me por chefe,
Guerreiro tão bem sou, e onde se ajuntam
Guerreiros, hão de haver lugar os bravos!
Serei convosco, disse. — E aos três se passa.
Soam batidos arcos, rompem gritos
Do festivo prazer, sobe de ponto
O ruidoso aplaudir. Só Itapeba,

---

[130] Rã.
[131] Estoura, arrebenta, explode.

Que ao seu rival deu azo de triunfo,
Mal satisfeito e quase irado rosna.

Um Tapuia, guerreiro adventício[132],
Filhado acaso a tribo dos Gamelas,
Pede atenção, — prestam-lhe ouvidos todos.
Estranho é certo; porém longa vida
A velhice robusta lhe autoriza.
Muito há visto, sofreu muitos reveses,
Longas terras correu, aprendeu muito;
Mas quem é, donde vem, qual é seu nome?
Ninguém o sabe: ele o não disse nunca.
Que vida teve, a que nação pertence,
Que azar o trouxe a tribo dos Gamelas?
Ignora-se também. Nem mesmo o chefe
Perguntar-lhe se atreve. É forte, é sábio,
É velho e experiente, o mais que importa?

Chamem-lhe o forasteiro, é quanto basta.
Se à caça os aconselha, a caça abunda;
Se à pesca, os rios cobrem-se de peixes;
Se à guerra, ai da nação que ele indigita[133]!
Valem seus ditos mais que valem sonhos,
E acerta mais que os piagas nos conselhos.

Mancebo (assim diz ele a Gurupema)
"Já vi o que por vós não será visto,
Imensas tabas, bárbaros imigos,
Como nunca os vereis; andei já tanto,
Que o não fareis, andando a vida inteira!

---

[132] Forasteiro, estrangeiro.
[133] Assinala, indica, propõe.

Estranhos casos vi, chefes pujantes!
Tabira, o rei dos bravos Tobajaras,
Alquíndar, que talvez já não exista,
Iperu, Jepipó de Mambucaba,
E Coniã, rei dos festins guerreiros;
E outros, e outros mais. Pois eu vos digo,
Ação, que eu saiba, de tão grandes Cabos,
Como a vossa não foi — nem tal façanha
Fizeram nunca, e sei que foram grandes!
Itapeba entre os seus não encontraras,
Que não pagasse com seu sangue o arrojo
Se tanto às claras por-se-lhes contrário.
Mas quem do humano sangue derramado
Por ventura se peja? — em que lugares
A glória da peleja horror infunde?
Ninguém, nenhures, ou somente aonde,
Ou só aquele que já viu tingidas
Cruas vagas de sangue; e os turvos rios
Mortos por tributo ao mar volvendo.
Vi-as eu, inda novo; mas tal vista
Do humano sangue saciou-me a sede.
Ouvi-me, Gurupema, ouvi-me todos:
Da sua tentativa o rei das selvas
Teve por prêmio o lacrimoso evento:
E era chefe brioso e bom soldado!
Só não pôde sofrer que alguém dissesse
Haver outro maior tão perto dele!
A vaidade o cegou! Ardida empresa
Cometeu, mas por si: de fora, e longe
Os seus o viram deslindar seu pleito.
Vencido foi... a vossa lei de guerra,
Bárbara, sim, mas lei, — dava ao Timbira
Usar, como ele usou, do seu triunfo.

A que pois fabricar novos combates?
Por que empreendê-los nós, quando mais justos
Os Timbiras talvez mover puderam?
Que vos importa a vós vencer batalhas?
Tendes rios piscosos, fundas matas,
Inúmeros guerreiros, tabas fortes;
Que mais vos é mister[134]? Tupá é grande:
De um lado o mar se estende sem limites,
Pingues florestas d'outro lado correm
Sem limites também. Quantas igaras
Quantos arcos houvermos, nas florestas,
No mar, nos rios caberão às largas:
Por que então batalhar? Por que insensatos,
Buscando o inútil, necessário aos outros,
Sangue e vida arriscar em néscias lutas?
Se o filho de Jaguar trazer-nos manda
Do chefe desditoso o frio corpo,
Aceite-se... se não... voltemos sempre,
Ou com ele, ou sem ele, às nossas tabas,
Às nossas tabas mudas, lacrimosas,
Que hão decerto enlutar nossos guerreiros,
Quer vencedores voltem, quer vencidos."

Do forasteiro, que tão solto fala
E tão livre argumenta, Gurupema
Pesa a prudente voz, e alfim responde:
"Tupá decidirá" — Oh! não decide,
(Como consigo diz o forasteiro)
Não decide Tupá humanos casos,
Quando imprudente e cego o homem corre
D'encontro ao fado seu: não valem sonhos,

---

[134] Necessário, preciso.

Nem da prudência meditado aviso
Do atalho infausto a desviar-lhe os passos!"

O chefe dos Gamelas não responde:
Vai pensativo demandando a praia,
Onde o Timbira mensageiro o aguarda.

Reina o silêncio, sentam-se na arena,
Jurucei, Gurupema e os mais com eles.
Amiga recepção — ali não viras
Nem pompa oriental, nem galas ricas,
Nem armados salões, nem corte egrégia,
Nem régios paços, nem caçoilas[135] fundas,
Onde a cheirosa goma se derrete.
Era tudo singelo, simples tudo,
Na carência do ornato — o grande, o belo,
Na própria singeleza a majestade
Era a terra o palácio, as nuvens teto,
Colunatas os troncos gigantescos,
Balcões os montes, pavimento a relva,
Candelabros a lua, o sol e os astros.

Lá estão na branca areia descansados.
Como festiva taça num banquete,
O cachimbo de paz, correndo em roda,
De fumo adelgaçado cobre os ares.
Almejam, sim, ouvir o mensageiro,
E mudos são contudo: não dissera,
Quem quer que os visse ali tão descuidosos,
Que ardor inquieto e fundo os ansiava.

---

[135] Utensílio utilizado para cozinhar.

O forte Gurupema alfim começa
Após côngruo[136] silêncio, em voz pausada:
"Saúde ao núncio do Timbira!", disse.
Tornou-lhe Jurucei: "Paz aos Gamelas,
Renome e glória ao chefe seu preclaro[137]!"
"A que vens pois? Nós te escutamos: fala."
"Todos vós, que me ouvis, vistes boiantes,
À mercê da corrente, o arco e as setas
Feitas pedaços, por mim mesmo inúteis."

"E de to ver folguei; mas quero eu mesmo
Ouvir dos lábios teus quanto imagino.
Acata-me Itajuba, e de medroso
Tenta poupar aos seus tristeza e luto?
A flor das Tabas suas, talvez manda
Trazer-me o corpo e as armas do Gamela,
Vencido, em mal, no desleal combate!
Pois seja, que talvez não queira eu sangue;
E do justo furor quebrando as setas...
Mas dize-o tu primeiro... Nada temas,
É sagrado entre nós guerreiro inerme[138],
É mais sagrado o mensageiro estranho."

Treme de pasmo e cólera o Timbira,
Ao ouvir tal discurso. — Mais surpreso
Não fica o pescador, que mariscando
Vai na maré vazante, quando avista
Envolto em lodo um tubarão na praia,
Que reputa sem vida, passa rente,

---

[136] Precioso, coerente.

[137] Ilustre, nobre, belo.

[138] Desarmado, indefeso.

E co'as malas da rede acaso o açoita
E a desleixo: — feroz o monstro acorda
E escancarando as fauces mostra nelas
Em sete filas alinhada à morte!
Tal ficou Jurecei — não de receio,
Mas de surpresa atônito —, o contrário,
Que de o ver merencório não se agasta,
A que proponha o seu encargo o anima.

"Não ignavo temor a voz me embarga;
Emudeço de ver quão mal conheces
Do filho de Jaguar os altos brios!
Esta a mensagem que por mim vos manda:
Três grandes tabas, onde heróis pululam,
Tantos e mais que vós, tanto e mais bravos,
Caídas a seus pés a voz lhe escutam.
Não quer dos vossos derramar mais sangue:
Tigre cevado em carnes palpitante,
Rejeita a fácil presa; nem o tenta
De perjuros haver troféus sem glória.
Enquanto pois a maça não sopesa,
Enquanto no carcás dormem-lhe as setas
Imóveis — atendei! — cortai no bosque
Troncos robustos e frondosas palmas
E novas tabas construí no campo,
Onde o corpo caiu do rei das selvas,
Onde empastado inda enrubece a terra
Sangue daquele herói que vos infama!

Aquela briga enfim de dois, tamanhos,
Sinalai; porque estranho caminheiro
Amigas vendo e juntas nossas tabas
E a fé que usais guardar, sabendo, exclamem:
Vejo um povo de heróis, e um grande chefe!"
Enquanto escuta o mensageiro estranho,
Gurupema, talvez sem que o sentisse,
Vai pouco e pouco erguendo o corpo inteiro.
A baça cor do rosto é sempre a mesma,
O mesmo o aspecto — a válida postura
A quem de longe vê, somente indica
Vigor descomunal, e a gravidade
Que os próprios Índios por incrível notam.
Era uma estátua, exceto só nos olhos,
Que por entre as em vão caídas pálpebras
Clarão funéreo derramava entorno.

"Quero ver que valor mostras nas armas,
(Diz ao Timbira, que a resposta agrada)
Tu que arrogante, em frases descorteses,
Guerra declaras, quando paz of'reces.
Quebraste o arco teu quando chegaste,
O meu te of'reço! O quebrador dos arcos
Nos dons por certo liberal se mostra,
Quando o seu arco of'rece: julga e pasma!"

E o arco empunha! Outro não foi como ele!
Artífice de nome em seus lavores
Mais de um ano gastara em fabricá-lo
As pontas levemente recurvadas
Cabeças de bicéfala serpente
Figuravam — iguais no peso e forma:
Melhor que nenhum outro equilibrado,
Lavrados os desenhos com tal arte,
Que sem tirar-lhe a força, mais flexível,
Mais pesado o tornavam com mais graça.

Do pejado carcás tira uma seta,
Na corda a ajeita, — o arco entesa e curva,
Atira — soa a corda, a frecha voa
Com silvos de serpente. Sobre a copa
Duma árvore frondosa descansava
Há pouco um senembi[139] — frechado agora
Despenha-se no rio, sopra iroso,
A cortante serrilha embora erriça,
Co'a dura cauda embora açoita as águas;
A corrente o conduz, e em breve trato
O hastil da frecha sobrenada a prumo.

Pudera Jurecei, alçando o braço,
Poupar ação tão baixa àqueles bosques,
Onde os guerreiros de Itajuba imperam.
Imóvel, mudo contemplou o rio
De chofre o cenembi cair frechado,
Lutar co'a morte, ensanguentando as águas,
Desaparecer — a voz por fim levanta:

---

[139] Lagarto, iguana.

"Ó rei das selvas, Gurupema, escuta:
Tu, que medroso em face d'Itajuba
Não ousaras tocar o pó que o vento
Nas folhas dos seus bosques deposita;
Senhor das selvas, que de longe o insultas,
Por que me vês aqui sozinho e fraco,
Fraco e sem armas, onde armado imperas;
Senhor das selvas (que antes frecha acesa
Sobre os tetos houvesses arrojado,
Onde as mulheres tens e os filhos caros),
Nunca miraste um alvo mais funesto
Nem tiro mais fatal vibraste nunca,
Com lágrimas de sangue hás de chorá-lo,
Maldizendo o lugar, o ensejo, o dia,
O braço, a força, o ânimo, o conselho
Do delito infeliz que vai perder-te!
Eu, sozinho entre os teus que me rodeiam,
Sem armas, entre as armas que descubro,
Sem medo, entre os medrosos que me cercam,
Em tanta solidão seguro e ousado,
Rosto a rosto contigo, e no teu campo.
Digo-te, ó Gurupema, ó rei das selvas,
Que és vil, qu'és fraco!
     Sibilante frecha
Rompe da turva-multa e crava o braço
Do ousado Jurecei, qu'inda falava.

"É seguro entre vós guerreiro inerme,
E mais seguro o mensageiro estranho!"
Disse com riso mofador nos lábios.

"Aceito o arco, ó chefe, e a treda[140] frecha,
Que vos hei de tornar, ultriz[141] da ofensa
Infame, que Aimorés nunca sonharam!
Ide, correi, quem vos impede a marcha?
Vingai esta corrente, não mui longe
Os Timbiras estão! — Voltai da empresa
Com este feito heroico rematado;
Fugi, se vos apraz; fugi, cobarde!
Vida por gota pagareis meu sangue;
Por onde quer que fordes de fugida
Vai o fero Itajuba perseguir-vos
Por água ou terra, ou campos, ou florestas;
Tremei!..."
                        E como o raio em noite escura
Cegou, desapareceu! De timorato
Procura Gurupema o autor do crime,
E autor lhe não descobre; inquire... embalde[142]!
Ninguém foi, ninguém sabe, e todos viram.

---

[140] Traiçoeira.
[141] Vingadora.
[142] Em vão, inutilmente.

Sextilhas de Frei Antão

Loa da Princesa Santa

> *J'ai fait de ma chambre la cellule d'un cloître, j'ai beni et sanctifié ma vie et ma pensée; j'ai racourci ma vue et j'ai éteint devant mes yeux les lumières de notre âge: j'ai fait mon coeur plus simple, et l'ai baigné dans le benetier de la foi catholique; je me suis appris le parler enfantin du vieux temps: et j'ai ecrit!...*
> Sello[1]

Bom tempo foi o d'outrora
Quando o reino era cristão,
Quando nas guerras de mouros
Era o rei nosso pendão,
Quando as donas consumiam
Seus teres em devoção.

Dava o rei uma batalha,
Deus lhe acudia do céu;
Quantas terras que ganhava,
Dava ao Senhor que lhas deu,
E só em fazer mosteiros
Gastava muito do seu.

---

[1] Fiz de meu quarto a / cela de um / mosteiro, benzi e santifiquei minha / vida e minha mente; encurtei minha vista e / apaguei diante dos meus olhos as luzes da / nossa época; fiz meu coração mais simples, e o banhei / na pia batismal da fé / católica; aprendi / o falar menino dos / velhos tempos: e escrevi!...

Se haviam muitos infantes
Torneio não se fazia;
É esse o estilo de Frandres
Onde anda muita heregia:
Para os armar cavaleiros
A armada se apercebia[2].

Chamava el-rei seus vassalos
E em cortes logo os reunia:
Vinha o povo atencioso,
Vinha muita cleregia[3],
Vinha a nobreza do reino,
Gente de muita valia.

Quando o rei tinha-los juntos
Começava a discursar:
"Os infantes já são homens,
Vou-me às terras d'além-mar
Armá-los i cavaleiros;
Deus Senhor m'há de ajudar".

Não concluía o pujante[4]
Rei — de assim lhes propor,
Clamavam todos em grita
Com vozes de muito ardor:
"Seremos nessa folgança;
Honra de nosso Senhor!"

---

[2] (Se) preparava, (se) munia, (se) provia.

[3] Clérigos de uma região, povoação ou de um país, clero.

[4] Poderoso, grandio.

E logo todos em sembra[5],
Todos gente mui de bem,
Na armada se agasalhavam[6],
Sem se pesar de ninguém;
E os Padres de São Domingos
Iam com eles também.

Iam, sim, os bentos Padres;
E que assim fosse, é rezão,
Que o santo em guerras d'Igreja
Foi um bom santo cristão:
Queimou a muitos hereges
No fogo da expiação!

Quando depois se tornava
Toda a frota pera cá,
Primeiro se perguntava,
"Que terras temos por lá?"
Quem em Deus tanto confia,
Sempre Deus por si terá.

El-rei tornava benino,
Como coisa natural:
"Temos Ceita, Arzila ou Tângere,
Conquistas de Portugal!"
E todos, a voz em grita,
Clamavam: real! real!

Bom tempo foi o d'outr'ora
Quando o reino era cristão;
Os moços davam-se à guerra,

---
[5] "Em sembra": juntamente, conjuntamente.

[6] Recolhiam-se, abrigavam-se.

As moças à devoção:
Aquela terra de mouros
Vivia em muita aflição.

Deu-nos Deus tantas vitórias,
E tanto pera louvar,
Que os Padres de Sam Domingos
Já não sabiam rezar;
Todo-lo tempo era pouco
Pera louvores cantar!

Sendo tantas as batalhas,
Nem recontro[7] se perdeu!
Aqueles Padres coitados
Não tinham tempo de seu,
Levavam todo cantando
Louvores ao pai do céu.

Louvores ao pai do céu,
Que eu inda possa trovar,
Quando não vejo nos mares
Nossas quinas tremular,
Mas somente o templo mudo,
Sem guarnimentos o altar!

Vejo os sinos apeados
Dos campanários sutis,
E a prata das sacristias
Servida em misteres vis,
E ante os leões de Castella[8]
Dobrada a lusa cerviz!

---
[7] Luta, embate.
[8] Refere-se ao reino de Castela.

Cant'eu, em bem que sou Padre,
Digo que sou Português;
Arço[9] de ver nossas coisas
Irem todas ao revés,
Arço de ver nossa gente
Andar conosco ao envés[10].

Mercê de Deus! minha vida
É vida de muita dura!
Vivo esquecido dos vivos
Na terra da desventura,
Vivo escrevendo e penando
Num canto de cela escura,

Do meu velho breviário
Só deixarei a leitura
Pera escrever estes carmes[11],
Remédio à nossa amargura;
O corpo tenho alquebrado,
Vive minha alma em tristura.

Que armada de tantas velas,
Que armada é essa qu'i vem?
Vem subindo Tejo acima,
Que fermosura que tem!
Nas praias se apinha o povo,
E as cobre todas porém.

---

[9] Ardo.
[10] Do lado oposto. No sentido figurado, do lado mau.
[11] Versos líricos, cantos, poemas.

Dão sinais as fortalezas,
Respondem sinais de lá:
Vem el-rei vitorioso!
Quem de gáudio se terá?
O mar é todo bonança,
O céu mui sereno está!

Oco bronze fumo e fogo
Já começa a despejar;
Acordam alegres ecos
Os sinos a repicar;
Grita e folgança na terra,
Celeuma[12] e grita no mar!

Vinde embora mui depressa
Senhores da capital!
Vinde ver Afonso quinto,
Rei, senhor de Portugal;
Vem das terras africanas
Dar-vos festança real.

Nossos reis foram outrora
Fragueiros[13] de condição;
Dormiam quase vestidos,
Espada nua na mão;
Nem repousavam de noite
Sem fazer sua oração.

---

[12] Agitação, algazarra.

[13] Incansáveis.

Empresa não cometiam
Sem primeiro comungar,
Sem fazer voto a algum santo
De tenção[14] particular;
Porém vitórias houveram,
Que são muito de espantar!

Os vindouros esquecidos
Da proteção divinal,
Conheceram os poderes
Da benção celestial,
Se contarem os mosteiros
Das terras de Portugal!

Nossas capelas que temos,
Nossos mosteiros custosos,
São obras santas de Santos,
Obras de reis mui piedosos;
São brados de pedra viva,
Que pregam feitos briosos.

Alguns já agora escarnecem
Dos templos edificados;
Dizem que foram mal gastos
Os bens com eles gastados:
Eu creio (Deus me perdoe)
Que são incréus[15] disfarçados!

E mais prasmam dos feitios
De pedra, que Mênfis[16] tem,

---

[14] Adoração, devoção.

[15] Incrédulos.

[16] Antiga cidade do Egito.

Sem ter olhos pera Mafra[17],
Pera a Batalha[18] ou Belém[19]!
Oh! se a estes conheceras,
Meu Frei Gil de Santarém[20]!

Naquela vila deserta
Ainda se me afigura
Ver elevar-se nas sombras
Tua válida estatura,
E ouvir a voz que intimava
Ao rei a sentença dura!

E mais a tacha[21] que tinha
Era ser fraco, e não mais!
Tu, meu Santo, que fizeras,
Se ouviras a estes tais,
Que nos assacam[22] motejos[23]
Às nossas obras reais!

Mas vós, quem quer qu'isto lerdes,
Relevai-me esta tardança;
São achaques[24] da velhice:

---

[17] A referência à Mafra, conforme observou Gladstone Chave de Melo, é um anacronismo, já que o conjunto do palácio português, basílica e convento só começou a ser construído em 1717.

[18] Refere-se ao Mosteiro da Batalha que começou a ser construído em 1386 pelo rei D. João I de Portugal em agradecimento à Virgem Maria pela vitória contra Castela em Ajubarrota (1385).

[19] O Mosteiro de Santa Maria de Belém (Mosteiro dos Jerónimos) é um mosteiro português, mandado construir pelo rei D. Manuel I em 1502.

[20] Frei Gil de Santarém foi um frade dominicano médico, taumaturgo, teólogo e pregador português dos séculos XVII e XVIII, beatificado pelo Papa Bento XVI a 9 de maio de 1748.

[21] Defeito.

[22] Caluniam, acusam injustamente.

[23] Comentários satíricos, zombarias, gracejos.

[24] Doença, defeito, vício.

Vivemos de remembrança
E em longos falas fazemos
De tudo comemorança.

Já el-rei Afonso quinto
Nas suas terras pojou[25]:
Alegre o povo o recebe,
Alegre el-rei se mostrou;
Abriu-se em alas vistosas,
El-rei entre elas passou.

Vem os músicos troando
Nos atabales[26] guerreiros
Tangem outros instrumentos
Desses climas forasteiros,
E trás eles vêm marchando,
Passo a passo, os prisioneiros.

São eles mouros gigantes
De bigodes retorcidos,
Caminhão a passos lentos,
Com semblantes atrevidos,
Causa medo velos tantos,
Tão membrudos, tão crescidos!

São homens de fero aspeito[27],
Homens de má condição,
Que vivem na lei nojenta

---

[25] Desembarcou.
[26] Tambores.
[27] Aspecto.

Do seu nojento alcorão,
Que vinho? Nem querem vê-lo,
Só porque o bebe um cristão!

Vêm as mouras despois deles,
Rostos cobertos com véus;
Bem que filhas d'Agarenos,
São também filhas de Deus;
Se foram cristãs ou freiras,
Seriam anjos dos céus.

Luziam os olhos delas
Como pedras muito finas;
Deviam ser finas bruxas,
Inda qu'eram bem meninas
Que estas moiras da mourama
Nascem já bruxas cadimas[28]!

Uma delas que lá vinha
Olhou-me através do véu!
Foi aquilo obra do demo,
Quase, quase me rendeu!
Pensei nela muitas vezes,
Valeram-me anjos do céu!

Via as largas pantalonas,
E o pezinho delicado...
Como pôde pensar nisto
Um pobre frade cansado,
Um padre da Observância,
Que sempre come pescado?!

---

[28] Ardilosas, espertas.

Enfim dizer quanto vimos
Não cabe neste papel;
Vinham muitas alimárias[29]
Como achadas a granel;
Vinha o infante brioso,
Montado no seu corsel.

Vinham pajens e varletes
Vinham muitos escudeiros,
Vinham do sol abrasados
Nossos robustos guerreiros;
Vinha muita e boa gente,
Muitos e bons cavaleiros!

A Princesa Dona Joana
Saiu dos Paços reais;
Era moça, e muito airosa[30],
E dona de partes tais,
Que todos lhe qu'riam muito,
Estranhos e naturais!

Foi requerida de muitos
E muito grandes senhores,
Por fama que dela tinham,
E por cópia de pintores,
Que muitos vinham de fora
Ao cheiro de seus louvores.

E disse d'um rei de França.
Ludovico, creio eu:

---

[29] Animais.

[30] Com boa feição de rosto e corpo, elegante, delicada.

Um pobre frade mesquinho
Só trata em coisas do céu;
Sabe ele que muito sabe,
Se a bem morrer aprendeu.

Pois diz-se do rei de França
O onzeno[31] do nome seu,
Que vendo um retrato destes
Pera sim logo entendeu,
Qu'era prodígio na terra
Quem tanto tinha do céu.

E logo sem mais tardança
Caiu geolhos no chão,
No feltro traz arrelíquias,
Assim usa um rei cristão;
O seu feltro pôs diante,
E fez i sua oração!

Saiu a real Princesa,
Saiu dos Paços reais
Nos pulsos ricas pulseiras,
Na fronte finos ramais;
De longe seguem-lhe a trilha
Muitos bons homens segrais[32].

Traçava um mantéu vistoso
Sôbolas[33] suas espaldas,
E as largas roupas na cinta

---

[31] Undécio, décimo primeiro.

[32] Segreis. Indivíduos que, na Idade Média, andavam de corte em corte para, mediante pagamento, tocar instrumentos diversos e cantar versos seus ou alheios.

[33] Contração de sobre + (l)as.

Prendia em muitas laçadas;
Seus olhos valiam tanto
Como duas esmeraldas.

Tinha elevada estatura
E meneio concertado,
Solto o cabelo em madeixas,
Pelas costas debruçado:
Cadeixo de fios d'oiro,
Franjas de templo sagrado.

Vinha assim a régia Dona,
Vinha muito pera ver:
O povo em si não cabia,
Quando a via, de prazer;
Era ela santa às ocultas
E anjo no parecer!

Debaixo das telas finas
E dos brocados[34] luzidos,
Trazia à raiz das carnes
Duros cilícios[35] cozidos
E umas crinas muito agras[36],
Tudo extremos mui subidos.

Passava noites inteiras
No oratório a rezar,
Dormia despois na pedra
Sem ninguém o suspeitar:

---
[34] Estofo ou tecido entretecido de seda e fios de ouro ou prata, com desenhos em relevo.
[35] O cilício é uma peça de roupa ou objeto que se utiliza para mortificar a pele, podendo ser constituído por tecidos ásperos, sacos de estopa, cerdas ou mesmo pequenos ferros como penitência.
[36] Incômodas, duras.

Extremos tais em princesa
Quem nos há de acreditar?

No dia de lava-pés
Ordenava ao seu Vedor[37],
Trazer-lhe doze mulheres;
E depois com muita dor,
Lavava-lhe os pés chorando,
Honra de nosso Senhor!

E depois de os ter lavado,
Não perdia a ocasião,
Despedia a todas juntas
Com sua esmola na mão:
Dizia que era humildade,
E obra de devoção.

E as mendigas prasmadas[38]
Saíam de tal saber,
E perguntavam, quem era
Aquela santa mulher?!
Maus pecados que ela tinha
Só pera assim proceder!

O mesmo Vedor foi quem
Isto despois revelou,
Quando aquela humanidade
Em o Senhor descansou;
Dona Joana era já morta,
Ele porém mo contou.

---

[37] O Vedor (da Casa dos Infantes), dentre as diversas funções atribuídas a este título, tinha como responsabilidade administrar financeiramente a Casa do Príncipe ou dos Infantes.

[38] Surpresas, espantadas.

Mas sendo tanto o resguardo
Que guardava em coisas tais
Sabiam algo os estranhos
Por muitos certos sinais,
Que o ar é todo perfume,
Se a terra é toda rosais.

É coisa de maravilha
Que me faz cismar a mim,
Que as donas d'hoje pareçam
Uns camafeus d'alfini[39],
Não donas de carne e osso;
As donas d'outrora — sim.

Hoje leigos de nonada[40]
(É-lhes o demo caudel[41])
Praguejam a mesa escassa
E as arestas do burel[42];
Querem mimos e regalos,
E jejuns a leite e mel.

Lá caminha Dona Joana,
Regente de Portugal;
Traz sobre si muitas joias
Do tesouro paternal;
Deus lhe pôa graça divina
Sobre a graça natural.

---

[39] Refere-se a um doce feito de açúcar extremamente delicado que se quebra com facilidade.
[40] Insignificância, ninharia.
[41] Capitão.
[42] Tecido grosseiro de lã.

Acostou-se a comitiva
Muito senhora de si:
Perante el-rei se ageolha,
Disse-lhe el-rei: não assim!
E ao peito a cinge dizendo:
"Não a meus pés, mas aqui!"

"Sois um bom pai, Senhor rei,
Tornou-lhe a santa Princesa:
Eu que sou vassala vossa
E filha por natureza,
Peço mercê como aquela,
Como esta peço fineza."

Ficaram logo suspensos
Todo-los que eram ali,
Ficaram como enleados,
Enleio tal nunca vi;
Eis que a Princesa medrosa
Começa a propor assim.

El-rei não lhe respondera;
Que lhe havia responder?
Boa filha Deus lhe dera.
Que lhe havia defender?
Sorriu-se, o bom rei quisera
Muito por ela fazer.

A Princesa disse entonces:
"De alguns capitães antigos
Tenho lido, Senhor rei,

Que, vencidos os imigos,
Tornam, a Deus fazendo
Sacrifícios mui subidos.

"Viam as coisas melhores
Que nos seus reinos haviam,
E logo lhas ofertavam;
E mercês também faziam,
No dia do seu triunfo
A los que justas pediam.

"Deslembrar a usança antiga
Fora de grande estranheza;
Agora sobremaneira,
Perfeita tamanha empresa,
De tanto lustre aos do reino,
De tal honra a vossa Alteza.

"Digo pois a vossa Alteza,
E digo com muita fé,
Deve a oferta ser tamanha
Quamanha[43] foi à mercê,
Não do nobre rei pujante,
Mas do santo rei qual é.

"A oferta que vos fizerdes
Será mercê paternal:
Se quereis que corresponda
Ao favor celestial,
Deve ser coisa mui alta,
Deve ser coisa real.

---

[43] Quão grande.

Ao Deus que vence as batalhas,
Dai-lhe a filha muito amada;
Dai-lhe a só filha que tendes
Em tantos mimos criada:
Será a oferta benquista
E do Senhor aceitada.

E eu a quem mais custou
De medos esta jornada,
Que muitas noites orando
Passei em pranto banhada,
Sou eu, Senhor, quem vos peço
Ser a hóstia a Deus votada."

Que santa que era a Princesa,
Que extremos de devoção!
Nos semblantes dos presentes
Viu-se, e não era razão,
Que a nenhum deles prazia
Deferir tal petição.

Sobresteve um pouco e mudo,
El-rei, por que muito a amava
Aquele dizer da filha
Todo o prazer lhe aguava,
Aquele pedir sem dó
Todo o ser lhe transtornava.

Encostou-se ao ombro dela
O pobre velho cansado,
Chorou o triunfo breve

E o prazer malrematado,
Não como rei valeroso,
Mas como pai anojado.

El-rei despois mais tranquilo
Rompeu o silêncio alfim;
E entre afito e satisfeito
Disse à filha: "Seja assim!".
Velhos guerreiros vi eu
Chorarem também ali.

Cant'eu perdido entre o vulgo
Não sei que tempo gastei,
Nem sei de mim que fizeram,
Nem tam pouco se chorei;
Foi traça da providencia:
Nisto comigo assentei.

Foi Jefté[44] corajoso,
O forte rei de Judá
Volta coberto de loiros,
Quem primeiro encontrará?
Sente a filha, torce o rosto...
Nada ao triste valerá.

Qual d'estes dois sacrifícios
Soube a Deus mais agradar?
Vai a Hebreia constrangida

---

[44] A menção ao personagem bíblico deve-se ao fato de Jefté ter feito uma promessa de oferecer a Deus em holocausto aquilo que primeiro saísse de sua casa se acaso retornasse vitorioso da batalha contra os amonitas. Após a vitória, ao chegar em casa, sua única filha veio ao seu encontro, transtornando-o. O voto consistia em consagrar a virgindade da filha, que, portanto, não pode se casar ou conhecer homem. Conforme o excerto bíblico no livro de Juízes 11, 29-40.

Depor o colo no altar,
Vai a cristã jubilosa!
São ambas pera pasmar.

Depois num dia formoso,
Era no mês de janeiro,
Houve uma cena vistosa
Dentro de um pobre mosteiro;
Fundou-o Brites Leitoa[45],
Dona mui nobre d'Aveiro.

Uma princesa jurada,
Sobrinha d'altos infantes,
Filha de reis soberanos,
Senhora das mais pujantes,
Era a primeira figura,
Espantava os circunstantes.

Ali humilde e curvada
Pesar de todos os seus,
Geolhos sobre o ladrilho
E as mãos erguidas aos céus,
Ouvi, exígua mortalha
Pedir pelo amor de Deus.

Cantemos todos louvores,
Louvores ao Senhor Deus:
Os anjos digam seu nome
Rostos cobertos com véus;
Leiam-no os homens escrito
No liso campo dos céus.

---

[45] Brites Leitoa (1427-80) fundou o que viria ser o Convento de Jesus em Aveiro.

Bom tempo foi o d'outrora
Quando o reino era cristão,
Quando nas guerras mouriscas
Era o rei nosso pendão,
Quando as donas consumiam
Seus teres em devoção.

                                            Isto escreveu Frei Antão
                                            De vida mui alongada,
                                            Nossa Senhora da Escada
                                            O teve por Capelão.

Gulnare e Mustafá

Deus Senhor foi quem nos céus
Pendurou milhões de estrelas,
Foi quem matizou a terra
De froles[1] várias e belas,
Quem ao mar por ser pujante
Areias deu por cancelas.

Mandou mais qu'arvoles fortes
Das sementes germinassem,
Que dessem froles mimosas,
Que perfumes trescalassem[2],
E mais fez que em tempo azado[3]
As froles frutificassem.

Pois aquele anjo das trevas,
Imigo da humanidade,
Nas árvores[4] pôs carcoma[5],
Pôs na frol muita ruindade,
Pôs nos céus a nuvem negra,
Pôs no mar a tempestade.

---

[1] Forma arcaica da palavra "flores".
[2] Exalassem.
[3] Oportuno.
[4] Forma arcaica da palavra "árvores".
[5] Caruncho, podridão.

Nem só nas coisas terrenas
Dana, e faz mal o tredor[6],
A alma também por mil modos
Tenta com jeito e sabor,
Que troca o prazer celeste
Em penas d'eterna dor!

Mas não foi jamais que Deus
Em tal feito consentisse,
Senão porque suas posses
O homem bem claro visse,
Que sem ele fora o mundo
Maldade só e sandice.

Mas que mal aí na terra
Que não venha para bem?
Os daqui desta amargura
Dão conta, e glória porém;
Dos outros que traz o demo
Deus o remédio lá tem.

Do mal que me foi comigo
Acontecido, al[7] não sei,
Senão que por amor dele
Muito má vida levei,
Que me dá coita[8] mui grave
Do mal que me comportei.

---

[6] Forma arcaica da palavra "traidor".

[7] Outra coisa.

[8] Sentimento de dor, sofrimento, aflição por não ser correspondido no amor.

Como já fiz penitência,
Ora farei confissão;
Tal será, qual foi o escand'lo
De que fui ocasião:
Não me tomem por modelo,
Mas tomem de mim lição.

Não é pera honra minha,
Mas pera honra dos céus,
Que eu direi publicamente
Os feios pecados meus;
Toda a vergonha foi minha,
Toda a honra cabe a Deus.

É uso assim na milícia
Celeste, e mais na daqui:
Dá batalha o cabo experto[9],
Desses muitos que há per i;
Toda a preza[10] aos seus concede.
Só loa[11] quer pera si.

A Princesa Dona Joana
Já vive dentro d'Aveiro[12];
Consigo trouxe os escravos,
Que lhe trouxe o rei fragueiro;
O que às terras africanas
Passou, e voltou primeiro.

---

[9] Especialista em determinado assunto.

[10] Espólio.

[11] Discurso em louvor.

[12] Refere-se ao Convento de Jesus em Aveiro para onde a pricesa se mudou em 04 de agosto de 1472, vivendo sob hábito dominicano até seu falecimento em 12 de maio de 1490.

Vieram aqueles feios
Netos d'Agar[13], inda mal!
Traçando vastas roupagens
À maneira oriental;
Larga faixa na cintura,
Na faixa largo punhal.

Era pasmo vê-los juntos
Pelas ruas passear,
Passo a passo — graves, mudos,
Com doairos[14] d'espantar,
Profundas rugas na fonte,
Rugas de mau meditar.

Levar trás si tanta gente
Nunca a ninguém vi assim;
Nem folias, nem cantares
Vi com tal cauda após si,
Bodo[15], nem festa d'orago[16]
Bufão, e nem bolatim[17].

Mas quem viu acaso as turbas
Correrem trás algum bem?
Vão todas após engodos,
Após maldades também;

---

[13] Personagem bíblica cuja história pode ser lida no livro de Gênesis, capítulo 16, foi frequentemente citada na literatura romântica. Agar era uma escrava egípcia que concebeu um filho de Abraão, mas acabou sendo expulsa pelo profeta e sua esposa, indo morar no deserto com o filho Ismael.

[14] Rostos, semblantes, vultos.

[15] Festins de comer realizados em igrejas por ocasião de alguma solenidade ou consagração em que pobres e irmãos da irmandade comiam.

[16] Festa do padroeiro da localidade.

[17] Provavelmente uma corruptela de "volantim", termo que significa andarilho, funâmbulo.

Mas seguir a Deus por gosto
Nem as vi, nem viu ninguém.

Com estes mouros descridos
Vieram também aquelas
Moiras, filhas da Mourama,
Donas, creio, muito belas;
No trato e no galanteio
Outras que tais Magdanelas[18].

Vinha também a menina,
Aquela moira fatal,
Que nas ruas de Lisboa
Vi no cortejo real:
Cortejo del-rei Afonso
Vi-o eu, só por meu mal!

Quantas coisas que trazia,
Nulla rem[19] lhe estava mal;
Diziam que tudo nela
Tinha graça natural,
Era coisa preciosa,
Como coisa oriental.

Aquela abelha sem dardo,
Aquela pomba sem fel
Passava noites inteiras
Tangendo num arrabel,
Coando vivas saudades
Dos lábios, em leite e mel.

---
[18] Forma arcaica para Madalenas.
[19] Nada.

E, alta noite, nas trevas
Ouvindo na solidão
Aquele triste instrumento,
Al não disseras, senão
Que o mesmo demo voltado
Era naquela feição.

Zagales[20] porém da serra
Mil vezes, no fim do dia,
Pelos montes não buscava
A sua ovelha erradia;
Mas no bordão apoiado
De si mesmo se esquecia.

Cant'eu vendido e prasmado
De todos e mais de mim,
Mil vezes fugi da cela,
Té das matinas fugi,
Mil vezes durante a noite
Aquele instrumento ouvi.

Mil vezes!... e não sei como
Isto foi, que o não sentia,
Quando mal me precatava[21].
Dava comigo que ouvia
Dilatar-se pelos vales
Aquela doce harmonia.

Assim todo embevecido
Bons sonhos que então sonhei.

---

[20] Pastores.
[21] Precavia, prevenia.

Boas venturas que eu tive,
Bons cismares que eu cismei!
Esqueci-me de ser frade!
Como isto foi, já não sei.

E se às vezes me lembrava
Do juramento que dei,
Do encargo que me tomara,
E das vestes que eu tomei,
Chorava; e não sei bem como
Em pranto não me afundei.

Derramei naquelas brenhas,
Cheio d'estranha afoiteza,
Palavras dadas ao vento
Com muito feia crimeza[22],
Contra mim e contra todos,
Contra toda a natureza.

Pelas serras, pelos matos,
Pelas voltas dos caminhos
Rojei[23] nas sarças[24] mordentes[25]
E nos cardos montezinhos,
Rasgando os brancos vestidos
Naquelas matas d'espinhos.

E não sei, oh! não sei como
Todo eu não fiquei ali,
Como eu que por tantas vezes

---
[22] Ira, fúria, severidade.
[23] Arrastei-me, rasteei-me.
[24] Arbustos.
[25] Que arranham, machucam a pele.

Rosto nas rochas feri,
Não perdi o ser de todo,
Nem sequer ensandeci[26].

Então ao Senhor clamava:
"Cegueira, Senhor, me dás!
Cinge-me os rins larga zona
De ferro, e bem me não traz;
Trago cilícios mordentes,
Usando burel mordaz.

"Abro e vejo o livro santo,
E vejo que não sei ler!
Aqueles santos ditames
Já nos não sei compr'ender;
Enojo ocupa minha alma,
Hei pavor de me perder!"

Donde pois me vinha a mim
No próprio bem ver o mal?
Conheci no meu exemplo,
Que m'era de ser fatal:
Senhor, teu santo remédio
É triaga[27] cordial.

Bem como o ferro na frágua[28],
No sofrer a alma se apura,
Assim que disse eu comigo
Que a triaga também cura,

---

[26] Enlouqueci.
[27] Antigo antídoto utilizado para reverter qualquer envenenamento.
[28] Forja. No sentido figurado, fogo, calor.

Quanto mais amarga e punge,
Poder de sua amargura.

Aquela negra peçonha
Lavrando foi pouco e pouco;
Roía coita d'amores
Miolo cavado e oco,
Já era o mal dentro d'alma,
E eu dele rendido e louco.

Diziam meus bentos Padres;
"Que é feito de Frei Antão?
Negra dor o tem por certo,
Negra dor de coração:
O demo o fez, porque visse
Turvada tal perfeição.

Parece já de esquecido
Que nem de si tem lembrança!
A tábua se achega apenas,
Não toma a sua pitança[29];
Té nos ofícios divinos
Perdeu a sua trigança[30].

Sai à noite muitas vezes,
Diz o bom do Guardião:
Sair à noite, a desoras,
Certo não é devoção:
Que faz de noite nas ruas
Um padre, ou frade ou cristão?"

---
[29] Refeição, alimento.
[30] Diligência, zelo, empenho.

Contudo alguns dos mais velhos
Diziam: "Que há i de mal?
O quer que é que o perturba,
Coisa não é natural:
Deve ser condão divino
Ou graça celestial!

"Pois um santo como aquele!
Quem é que o há de tentar?"
Eis senão quando começa
Voz, não sei donde, a zoar
Que Frei Antão já não sabe
No seu rosário rezar!

E o caso foi que um noviço
Tirou-mo só de matreiro,
Tendo-o fechado consigo
Por novena ou mês inteiro;
E eu d'outro me não provera,
Sendo que tinha dinheiro!

Todo-los meus defensores
Voltaram-se contra mim;
Diziam que era malfeito
Um santo mentir assim:
Seja-me Deus testemunha!
Nem santo sou, nem menti.

Logo em Comunidade
Propôs-me o Provincial:
"Dizei *peccavi*[31], meu Padre,

---

[31] Pequei.

Que vos haverdes tão mal,
Que não rezardes as rosas
Da virgem celestial!"

Ouvido que foi por mim
Tão solene mandamento,
A mim, que primara sempre
Adentro do meu convento,
Não sei que pejo maldito
Acorreu-me ao pensamento.

Não era feio o pecado,
Mas confessá-lo; e assim
Fiquei de pavor transido
Mal que tal preceito ouvi:
Homem não era de carne,
Montanha de pedra — si.

Torvado, calado e mudo
Nada não soube dizer;
Nem confessar meu pecado,
Nem ao menos responder:
Ficaram como suspensos
Os que eram ali a ver.

O grave Provincial[32]
Rompe o silêncio, e "Azinha[33]
Trazei, disse ele, o hissope,
Mais a benta caldeirinha;
Ver demo em corpo de frade
Coisa não é comezinha!

---

[32] Superior de ordem religiosa.

[33] Depressa, sem demora.

Corre afanado o Sacrista
Pera a sua sacristia,
Traz prestes a caldeirinha
Banhada inteira na pia;
Rezava mil rezas suas,
Mil esconjuros dizia.

Do sacrista amedrontado
Recebe o Provincial
O hissope[34] todo molhado,
Dizendo sacerdotal;
Fugide, partes adversas,
Demônio, esprito do mal.

"E mais deixa a criatura
Por amor de quem Jesus
Sofreu marteiro afrontoso,
E morte vil numa cruz;
Em nome do Padre e Filho
E Esprito, que sempre luz!"

Ouvido aquele esconjuro,
Cego de toda a rezam,
Larguei-me do refeitório,
Fugindo como um ladrão:
Clamarão todos em grita:
"Chantou-se[35] nele o Legião!"

Enfiei os claustros todos.
Passei pela portaria,
Achei-me em lugar, de noite,

---
[34] Aspersório.
[35] Fixou-se, pregou-se, tornou-se estável.

Que eu mesmo não conhecia
Os sons do arrabel moirisco
Somente dali se ouvia.

No entanto os Padres prudentes
Discursavam entre si,
Diziam dos esconjuros
Que mal cabiam em mim,
Que era grande sacrilégio
Usarem comigo assim.

Ai! sacrílego era o homem
Que ao inferno se vendia,
Era o cristão que adorava
As filhas da idolatria,
Que dentro em si tinha o Demo,
Que o Demo em si não sentia;

Era o Padre que trocara
O amor de seu Senhor
Por amor duma Donzela,
Filha daquele impostor,
Mafoma[36], falso profeta,
Mafoma, judeu tredor!

A princesa Dona Joana
Mandou ao nosso Convento:
Qu'eu prestes vá ter com ela
Manda por seu mandamento;
Não quer demora nem falta,
Negócio diz de momento.

---

[36] Nome que os cristãos davam a Maomé.

Qual seja o negócio urgente
Não mo diz a mensageira;
Não sabe coisa decerto,
Não dirá coisa certeira:
O hábito à pressa enfio,
Tomando-lhe a dianteira.

E logo chamada à grade
Veio a Princesa real:
"Meu Padre", disse-me entonces,
"É fora do natural
Qu'eu tenha escravos, e mouros.
Rainha de Portugal.

"Ide vós porém chama-los
Pera o rebanho cristão;
Casade-os vós muito embora,
Que bem daí haverão:
Eu lhes darei corpo livre,
Deus Senhor a salvação."

Sequer uma só palavra
Não tive naquele ensejo,
Sustou-ma já na garganta
Não sei que mesquinho pejo;
Por confessar meu pecado
Em vão trabalho e forcejo.

Vergonha foi o que eu tive,
Vergonha que todos têm;
Último fruto colhido

Naqueles jardins do Éden;
O Demo o tocou primeiro:
Todo o seu mal daí vem!

Como está no fundo lago
O verde limo acamado,
Assim deitado e mimoso
Brilha lustre aveludado;
Tal é aquela vergonha,
Que vem após o pecado.

Mas remexei nas raízes
Do limo que é tão viçoso,
E vereis como se prendem
No fundo impuro e lodoso:
Ali com elas se abraça
O feio verme asqueroso!

Ali mil serpes ocultas
Vivem, cruzando laçadas,
Muitos sapos bufadores,
Muitas rãs esverdinhadas;
Umas coisas de má sina,
Outras coisas malfadadas.

É força falar a moira!
Disse comigo, e assim
Andava curtas passadas
Por não chegar; ai de mim!
Tem termo toda a jornada,
Cheguei! Por que não morri?

Já daqueles outros moiros,
Tão feros, não se me dava;
Mas de suor de maleitas
O corpo se me banhava,
Quando daquela menina
Mourisca, me recordava.

Lançado em covil de feras
Foi o santo Daniel[37],
Fui eu no covil lançado
Daquela gente infiel;
Era ele experto em tais lutas,
Eu em tais lutas novel.

Entrei no quarto da moira,
Leixando[38] a mais gente vil,
Ardia doce perfume
Em transparente viril;
Sobre um bofete lavrado
Vi um lavrado gomil.[39]

Tinha o quarto uma só porta
Que um reposteiro[40] cobria,
E um pano de seda verde
Sobre a estreita gelosia[41],
E mais um denso tapete,
Que o som dos passos comia.

---

[37] Refere-se ao episódio em que o personagem bíblico é lançado na cova dos leões.

[38] Forma arcaica para deixando.

[39] Jarro de boca estreita para lavar as mãos.

[40] Cortina, tecido ou peça de estofo que cobre as portas interiores dos palácios, casas ou igrejas.

[41] Treliças geralmente feitas de madeira colocadas no vão de janelas para proteger da luz e do calor, e através da qual se pode ver sem ser visto. É uma estrutura comum na Península Ibérica herdada da arquitetura árabe.

Trazia a moira mimosa
Vestes de branco cetim
Entreteladas parece
De coisa de bocaxim[42],
E umas largas pantalonas
Respirando benjoim.

Trazia um jubão[43] mui justo
De seda azul anilado,
Com longas mangas perdidas,
De carmim todo forrado,
Como se fora um alfange[44],
Na cintura recurvado.

Coifa[45] branca auribordada[46]
A negra coma[47] apertava;
Que doces anéis brincados
A negra coma formava,
Quando por vezes no colo
De neve — se debruçava!

Sob as largas pantalonas
Um pezinho delicado
Saía nuzinho e belo,
Mimoso e branco e nevado;
Em chapins[48] dos mais pequenos
Parecia andar folgado.

---

[42] Tecido encorpado utilizado para forros e entretelas.
[43] Mesmo que gibão, espécie de jaqueta abotoada usada por cima da camisa.
[44] Sabre largo e curvo.
[45] Touca, rede para envolver os cabelos.
[46] Bordada de ouro.
[47] Cabelos.
[48] Sapatos, calçados.

Em cada um dos seus dedinhos
Trazia a moira um anel;
Meio deitada, a desleixo
Tangia no arrabel;
Tangia-o com tanta graça,
Nem que fora um menestrel.

A letra que ela cantava
Era de língua algemia[49];
Era qual trinar das aves
As notas em que gemia,
Saudades de longes terras
Em peregrina harmonia!

Era menina e formosa,
Nunca lhe vi sua igual!
Coisa assim tão primorosa
E tanto celestial,
Ou era filha dos anjos,
Ou filha do pai do mal.

Deus Senhor, entre luzeiros,
E o demo, em sua cegueira,
Fazem quase as mesmas coisas
Mas por diversa maneira;
O Demo como quem é,
Deus como luz verdadeira.

Pois este pôs a virtude
Entre aflições dolorosas,
Qual frol de rosa entre espinhos;

---

[49] Alteração produzida nos dialetos da Espanha pelo contato com o árabe.

Em ledices[50] enganosas
Pôs o demo o seu pecado,
Qual feia serpe entre rosas.

Quanto o sol mais se abaixava,
Tanto mais alto gemia
Aquela moira mimosa,
Que as suas mágoas carpia:
É hora que espalha enlevos
A hora do fim do dia!

O pássaro então das ramas,
Louvor a nosso Senhor!
Último voo desprega
E um doce grito de amor;
Nas penas esconde o bico,
Nem teme o visgo tredor.

As froles do sol viúvas
Definham só de tristura;
O mar soluçando geme,
Mais alto a fonte murmura,
Reina o silêncio que fala,
Bafeja a doce frescura.

"Vistes vós meu bem amado",
(Dizia a filha d'Allah),
"Vistes vós meu bem amado,
O meu senhor Mustafá!
Se o vistes, dizei-me onde!
Por alma vossa, onde está?

---

[50] Alegrias, júbilos.

"A noite o leixou fechado
Portas a dentro do harém
Sorvia aqueles perfumes
Que lá d'Arábia nos vêm,
Trajava os reais vestidos
Que lhe caiam tão bem.

"Já era sobre manhã
Quando de mim se apartou;
Seu negro corcel d'Arábia
Dum pulo só cavalgou,
E o sol que vinha raiando
Lá na montanha o topou.

"Viu dali seus bons guerreiros,
Em alas prontos estão;
De fronte mal enxergava
O troço do rei cristão;
Disse o crente muçulmano;
Allah mos trouxe, meus são!

"Allah!", lhes grita o guerreiro,
Respondem-lhe os seus: "Allah!"
Gritam Cristãos: "São Tiago!"
"E o meu senhor Mustafá
Desceu então da montanha,
Que nunca mais subirá.

"Desceu ele da montanha
Qual rocha descomunal,
D'agudo cimo tombando,
Arrasando o pinheiral;

Mas a rocha em fundo vale
Faz-se pedaços, em mal!

"Desceu ele ao fundo vale,
Como o tufão queimador;
Pelos cristãos inimigos
Cortou sem pena e sem dor;
Raio d'esforço na guerra
Foi Mustafá, meu Senhor!

"Mas o vento do deserto
Depois de medas formar
Das areias que aglomera,
Onde é que vai acabar?
Mafoma e Allah que mo digam.
Que eu não sei senão chorar!

"Allah quebrou teu orgulho,
Meu bom senhor Mustafá!
Allah quebrou teu orgulho,
Mas quando se acabará
Vida que vives de escravo,
Vida que levas tão má?

"Doces Huris[51] do Profeta
Lá do palácio de Allah!
Olhavam cá para baixo
Só para ver Mustafá!
Guerreiro não foi como ele,
Como ele ninguém será.

---

[51] Seres celestes de extrema beleza que, segundo o Alcorão, tornar-se-ão as esposas dos muçulmanos fiéis.

"De ser ele o meu amado.
Ai que já fui bem feliz!
De ser ele o meu amado
Tinham-me inveja as huris:
Ora não há quem m'inveje!
Foi Allah que assim o quis.

"Ora não há quem m'inveje!
Tenho no peito aflição;
Escrava sou dum escravo,
Escravo dum vil cristão!
Mesquinha, que ainda o amo;
Trago-o aqui no coração!"

Então pera junto dela
Cheguei-me sem ser sentido
Falei-lhe em som cavernoso,
Medonho e baixo no ouvido:
Por que assim amas o escravo?
Disse eu, do meu mal vencido.

Foi certo o esprito malvado
Quem pera ali me arrastou,
Quem nos meus castos ouvidos
Palavras tais derramou,
Quem aos pés da moça moira
O velho padre curvou.

Era ele quem nos meus ombros
Pesava co'o peso seu,
Quando a moira espavorida
Do vasto leito se ergueu:

Vendo-me ali de geolhos,
Baixou de medrosa o véu.

O véu baixou de corrida,
Mas antes seus olhos vi;
Aqueles olhos fermosos
Lavar-me o rosto senti,
Tocar-me no fundo d'alma,
Tirar-me todo de mim.

Luz que vi d'aqueles olhos,
Ora bem se me figura
A lua rasgando as trevas
Em meio de noite escura:
Vi Diana a caçadora
N'aquela ardida postura.

Mas a moira de repente
Um grito franzino dá!
De mim se parte voando,
Senhor Deus, o que será?
Volto prestes a cabeça...
Vejo o mouro Mustafá!

Em roda do seu pescoço
A moira os braços prendeu;
Arfa-lhe o peito açodado[52];
Pera traz roja o seu véu,
Of'rece o rosto mimoso
Aos beijos d'aquele incréu!

---

[52] Apressado, acelerado.

Era assim qual amorosa
Hera que um robre[53] vingou;
Ligou-se estreita com ele,
Do tope[54] se debruçou,
Folha meteu pelas folhas,
Vida com vida casou.

"Gulnare", disse-lhe o moiro.
"Gulnare, meu doce amor,
Melhor que a rosa da Pérsia,
Que arábio incenso melhor,
Frol dos jardins do profeta,
Que dás, mate a minha dor!"

Responde a moira mimosa:
"Dizes bem, meu Mustafá;
O fogo chegou-se ao incenso,
O incenso eflúvios dará;
O sol cintila na rosa,
A rosa ressurgirá".

Abelha, tornou-lhe o moiro,
Que sussurras de agastada,
Erva, que as folhas constringes
De estranho corpo tocada;
Quem tocou na minha abelha,
Quem na erva delicada?

Ela então só de malquista
Deu-lhe d'olhos pera mim;
Santo Jesus! em que apertos

---
[53] Árvore, carvalho.
[54] Topo, cume.

Naquele ensejo me vi,
Prendia-me força oculta,
Foi porém que não fugi!

Trazia o moiro atrevido
Adaga no boldrié[55];
Deixar a moiros com armas,
Gente de baixa ralé,
Em que escravos de Princesa!
É certo estranha mercê.

A mão no punho da adaga,
A passo, vem sobre mim;
Trinca as pontas do bigode
Quais cerdas de javali;
A barba toda se erriça,
Que feio rosto lhe vi!

Os olhos que me lançou,
Jamais não vi seus iguais;
Deviam ser puro fogo,
Senão faíscas fatais
Daquele sol do deserto,
Que abrasa e funde areais.

Negros olhos de pantera,
Luzindo em feia espelunca[56];
Olhos, que o giro do sangue
Nas veias demora e trunca;
Olhos cheios de carniça
E dela não fartos nunca.

---

[55] Tira de couro ou tecido trespassada no tronco par carregar espada ou outra arma.
[56] Provavelmente no sentido de habitação escura.

A mim chegou-se, inquirindo,
Que vieste aqui fazer?
Fiquei des'[57] logo tremendo
Sem lhe poder responder:
"Senhor... em nome do céu",
Disse eu, "que havia dizer?

"Em nome das três pessoas
Da trindade em uma só;
Eu vos rogo, senhor moiro,
Que sequer tenhades[58] dó
Da alma vossa arriscada
Já não do corpo, que é pó."

Naquele ensejo apertado
De santo ardil me vali;
Lembrou-mo o exemplo sagrado
Da forte hebreia Judith[59]!
Ser isso influxo divino
Sabendo fiquei dali.

Tornou-me o moiro descrido:
E a mim que m'importa mais
Que viver entre valentes
Em gozos celestiais,
Entre jardins prazenteiros,
Entre fagueiros rosais?

---

[57] Forma arcaica de "desde".
[58] Forma arcaica do imperativo negativo do verbo ter. Tenhais.
[59] Refere-se à história de Judite, a viúva hebreia que venceu o rei Nabuconossor, rei dos assírios, por meio de um ardil. Conforme o livro bíblico de Judite.

"Tu me falas dos teus Deuses!
Há outros sem ser Allah?
Allah, que o voo dirige
Do benfazejo Kathá[60]!
Cristão; dos teus falsos Deuses
Bem pouco a mim se me dá.

"Digo-te eu, que eles não podem,
Mais que digas que são trinos,
Suster no ar do profeta
Os santos restos divinos,
Que a Meca chamam por ano
Milhares de peregrinos".

Ouvindo aquelas blasfêmias
Senti arrojo[61] dos céus;
Ia falar, mas o moiro
Tornou-me: "Só Deus é Deus,
E Mafoma o seu Profeta,
Em que pese isto aos incréus[62]!

"O que penso, sem resguardo
Dir-to-ei, cristão, alfim[63];
Não usa como vós outros,
Maometano Muezin[64],
Não vai à casa dos crentes,
Não leva tensão ruim.

---

[60] Provavelmente refe-se ao Catar.
[61] Coragem, ousadia.
[62] Termo antigo para designar os não cristãos. Incrédulos.
[63] Forma em desuso para "enfim".
[64] Entre os muçulmanos, o muezin é aquele que do alto dos minaretes conclama, em voz alta, às orações.

"Não roja[65], não, de geolhos[66]
Aos pés de cristã donzela:
Mas lá dentro da Mesquita
Vive sempre e sempre vela
Ou do alto minarete
Às preces crentes apela!

"Portas adentro do templo
Imagem da crença pura:
Do alto do minarete
A imagem d'Allah figura,
Bradando incessante e sempre
Aos homens, daquela altura."

"É assim entre vós outros,
Tornei-lhe, que entre nós não.
Queremos em cada peito
Um templo de devoção,
Em cada peito um sacrário[67],
Um padre em cada cristão."

Sobresteve[68] mudo e quedo,
E como que refletia
O moiro, que me parece
A graça[69] em si já sentia,
A graça que o céu nos manda
Como orvalho em noite fria.

---

[65] Arroja-se, arrasta-se.

[66] Variação antiga para joelhos.

[67] Lugar ou reservatório onde se guardam objetos sagrados como as hóstias e as relíquias. Em sentido figurado, refere-se ao lugar mais recôndito onde se abrigam os sentimentos mais íntimos da alma.

[68] Suspendeu, cessou, parou.

[69] Para o cristianismo, a graça é um dom concedido por Deus à humanidade como meio para a restauração da alma, a salvação.

Mas não era inda chegado
Aquele ensejo feliz,
Que passado? Curto prazo
Severa o moiro me diz:
"O que Deus faz é bem feito
Moiro nasci, não me fiz!

"Leixemos[70] pois tal assunto,
Dele não quero tratar
Ou antes dizei, bom Padre,
Qu'ides carreira tomar
Adoptando novo ensino,
Novo modo de pregar.

"Andai por essas estradas
E dizei a vossa gente:
A vós que mal vos hão feito
Os homens lá do oriente,
Que vos livraram dos godos[71],
E do servir inclemente?

"As vossas artes que tendes
Cujo as havedes[72]? — de quem?
Donde vêm as vossas terras
Campos de lavra que têm,
E as torres acasteladas,
E as mesquitas, donde vêm?

---

[70] Forma arcaica de "deixemos".
[71] Refere-se à conquista árabe da Península Ibérica no século VIII trazendo vários avanços técnicos e culturais para a região.
[72] Forma do galego-português para o verbo haver na segunda pessoa do plural do presente de indicativo; vós haveis.

"Quem nos vossos negros montes
As alcáçovas[73] plantou,
Como cândido turbante,
Que na fronte se enrolou
De um homem da cor da noite,
Que a Núbia ardente engendrou?

"Ou s'isto melhor te praz:
São obras de reis pujantes,
Tendas ricas e pomposas
No dorso dos elefantes;
Cr'oas[74] de pedra lavrada
Na fronte d'altos gigantes."

Estes mouros na verdade
Qu'esprito e graça que têm?
Quando vos dizem mentiras,
Sabem dizê-las também,
Que havemos de perdoar-lhes,
E em cima querer-lhes bem.

Mas andam tanto enfrascados[75]
No seu maldito alcorão,
Que era de ser o primeiro;
A sofrer condenação
Naquele santo concilio,
Honra do nome cristão.

Se d'algo me pesa a mim
É só polos não ver mais;

---

[73] Fortificações, castelos.
[74] Coroas.
[75] Impregnados, ébrios.

Faziam pronta justiça
Destes e d'outros que tais:
Ardiam com seus autores
Em bons aplausos gerais.

Se deles houvesse agora,
De que pró[76] nos não seria?
Vive tal livro entre gabos[77],
Que ali do fogo arderia,
Com pasmo de seus autores,
Que os têm por coisa mui pia,

E d'outros que só por artes
Fruem da voga que têm,
Que não sei onde é seu preço,
Nem donde apreço lhe vem,
Senão por vias ocultas,
Que as não descobre ninguém!

Mas leixemos estas coisas,
Que não são de boa avença[78]!
O livro que eu reprovara
Por muito justa sentença
Trouxera-me coita grave,
Com mais grave malquerença.

Leixemos pois estas coisas;
Bem qu'eu não saiba falar,
Senão com longos rodeios:

---

[76] Favor.
[77] Elogios, encômios.
[78] Concordância, entendimento, harmonia.

(Vem-me o sestro[79] de pregar)
Quando me julgo no cabo,
Mais longe estou de acabar.

"Mouro, naquela batalha,
Disse eu, ouvidos me dá,
Quando o rei no teu perdeste,
Não chamaste por Allah?
Não te ouvio! — chama por Cristo,
E Cristo, Deus, te ouvirá.

"Vás às terras da Moirama,
Ou fiques em Portugal,
Senhor serás do teu corpo,
Vida terás natural:
Vê se Gulnare formosa
O teu profeta não vai!

"A moira que não foi feita
Pera servir a senhor,
Que de bela e de mimosa,
Parece que o mesmo amor
O corpo tem de quebrar-lhe,
E de apagar-lhe o candor[80].

"A moira, doce nascida,
Doce criada; perol[81]
Que só sabe apavonar-se[82]

---

[79] Vício, mau hábito.
[80] Candura, pureza, ingenuidade.
[81] Porém, todavia. Do galego-português "pero que" com sentido concessivo.
[82] Enfeitar-se como pavão, inchar de vaidade ostentando roupas e acessórios.

Da manhã polo[83] arrebol[84],
Não nos jardins destas partes,
Mas onde mais queima o sol,

"A moira bela e mimosa!
Avezinha pipitante,
Qu'ama ar puro, espaço livre,
E céu de cor deslumbrante,
Que o voo fugaz desprega,
Quando o sol é mais brilhante!

"Ai! não guardes a avezinha
Dentro de estreita prisão,
Não mudes a frol mimosa,
Que bem está no seu torrão:
Vai às terras da Mourama;
Se queres ir, sê cristão."

Uma lágrima brilhante,
Como que a furto luzia
Nos olhos da moça moira,
Que o moço mouro cingia;
Em que nada lhe dissesse,
Muitas coisas lhe pedia.

Em que algo não lhe escutasse,
O mouro bem compr'endia
Que mudas falas falava,
O pranto que ela vertia:
Saudades eram da Pátria,
Que o mouro em sonhos só via.

---

[83] Pelo (por + o).

[84] Amanhecer, aurora.

Como havia resistir-lhe,
Se ela pedia chorando,
Se o mal por que ela passava,
Também 'stava ele passando,
Seu bem, que lh'ela pedia,
Lhe estava dentro falando?

Mas quando os vi abraçados
E aquele amor entendi,
Do efeito das minhas vozes
Eu mesmo me arrependi;
Cravei as unhas no peito,
Pesar de morte senti.

Té cheguei a ter desejos
De ouvir-lhes um não revel[85],
E que então a moça moira,
E mais o mouro Donzel
Parassem no fundo inferno,
Provassem, como eu, seu fel.

Mas num coração sincero
Que poder que o pranto tem,
Quando no peito o sentimos,
Quando de uns olhos nos vem,
Que fora morrer por eles
Prazer e mui grande bem!

Pedido tão gracioso
O mouro agreste rendeu;
De leixar[86] o seu Mafoma

---

[85] Rebelde, contrário a.
[86] Deixar (do galego-português).

Logo desli[87] prometeu,
Leixando a avença do demo,
E os ritos do culto seu!

Já me não sinto enleado
Se o padre Adão manducou[88]
Aquele fruto do Éden;
Foi Eva quem lh'o ofertou,
Eva, mulher e sozinha,
Aquele primeiro amou.

Mas quem tem visto mulheres,
E tem a sua mulher,
Ceder-lhe do seu proposto
Por mero condescender!
Se não é coisa do demo,
Não sinto o que possa ser.

Mas fez mais a linda moira!
Que sem me fazer pedido,
Entendi que por amores
Não devia andar perdido;
Quando por outro era amada,
Por outro dela querido.

Um pobre frade coitado
Bem sabe que nada tem
Nesta vida mal passada,
Onde quitou todo o bem;
Ninguém que vele por ele,
Sobre quem vele — ninguém!

---

[87] Provavelmente trata-se da forma "deshy" do galego-português, que significa "desde então".
[88] Comeu.

Curar da mãe enfermada
Bem pode o homem segral[89];
Há sempre casta donzela,
Que se doa do seu mal:
O frade só, despojado
Vive do foro humanal.

Viveram aqueles mouros
Depois desta ocasião,
Muitos anos bem-logrados,
Em amor e devoção;
Louvor ao santo batismo!
Louvor ao nome cristão.

Mas quando foi que nos veio
Aquela peste primeira,
Seta que o alvo atingia
De bem talhada e certeira,
Chegou ao cristão novato
Hora vital derradeira.

E a moira por este evento,
Cheia de muita aflição,
Recolheu-se irmã noviça
No convento d'Azeitão,
Onde viveu muitos anos
Em aturada[90] oração.

Madres d'aquele convento
Dizem que a viram rezar,
Em êxtasis jubilosas

---
[89] Secular.
[90] Constante, assídua.

Suspensa, erguida no ar;
Favor do esposo divino,
Milagres do muito amar!

Ouvindo aqueles extremos,
Comigo logo assentei
Que eu fora um pastor perdido,
Que nas sombras divaguei,
Té qu'uma ovelha perdida,
Mercê de Deus, encontrei!

E a moira que eu tanto amara,
Desli[91] se me figurou
Cândida lã d'ovelhinha,
Que a sarça agreste cardou[92];
Ficou na sarça[93] prendida,
Ao vento se meneou[94].

E alguém que ali divagava
Felpas da lã recolheu,
Bateu-as na fonte pura,
E em branca tela as teceu;
Depois no altar consagrado
Ao Senhor Deus of'receu.

A mão de Deus poderoso
Bem claro se vê então,
Quando o torpe ismaelita

---

[91] Desde aí.
[92] Desemaranhou, desembaraçou.
[93] Arbusto.
[94] Balançou, moveu-se de um lado para o outro.

Faz-se devoto cristão:
Só ele um bom diamante
Pode fazer do carvão.

Mudar o vício em virtude,
E a fraqueza em valor,
E o calor em frescura,
E a frescura em calor,
E tudo assim por d'avante[95],
Só ele, que é Deus Senhor.

Louvor a Deus nas alturas!
E aos homens de bom talante[96]
Na terra paz e ventura;
Paz e ventura constante,
Senão na vida que passa,
Na vida que sempre dura.

---

[95] Em diante, para o futuro.
[96] Arbítrio, vontade.

Lenda de São Gonçalo

Agora de um grande Santo
Embora lhe cabe a vez;
Bom Santo foi São Gonçalo,
Pesar que foi Português,
Que santos ditos que disse!
Que santas obras que fez!

Bom tempo foi o d'outrora!
Não lhe quero outra razão:
Criava a terra gigantes,
Havia Santos então,
Havia paz e fiança
Nos reis do reino cristão.

É coisa de maravilha
E de louvar o Senhor,
Ver na terra homens d'aqueles
De tanto esforço e valor,
Como Gonçalo da Maia[1]
Ou Giraldes sem pavor[2]!

---

[1] Gonçalo Mendes da Maia (c.1068-c.1110) é uma figura histórico-lendária da Reconquista Portuguesa contra o domínio árabe. O cunho medievalista do romantismo português também foi responsável por configurar a lenda em torno desse herói fundacional. Dentre outros escritos sobre o personagem histórico mítico de Gonçalo da Maia, é provável que Gonçalves Dias conhecesse o conto "A morte do lidador", que integra a obra *Lendas e Narrativas* (1851) de Alexandre Herculano. No conto, o nobre Gonçalo Mendes da Maia decide celebrar o aniversário dos seus 95 anos com um ataque aos mouros. Vale lembrar que as narrativas dessa coletânea foram sendo publicadas nas revistas portuguesas *O Panorama* e *A Ilustração* entre os anos de 1839 e 1844.

[2] Figura semilendária conhecida pela presteza e crueza com que atacava as praças muçulmanas no período da Reconquista.

Mas destes tratar não quero,
Que são mui perto de nós;
D'outros digo tão pujantes
E de aspecto tão feroz,
Que um santo mártir trincavam,
Como quem trinca uma noz.

Quando a fé 'stava mais pura
Melhor se mostrava Deus;
Razão disto as Escrituras,
Escusa pois ditos meus:
Começa do fim ditoso
Dos sete irmãos Macabeus[3].

Nada conta o livro santo
Do rei que se ouve assim,
O corpo nos não descreve;
Mas eu tenho pera mim,
Que devia ser taludo[4],
Como uns cafres[5] que já vi!

Que sete irmãos como aqueles,
Cada qual como um Sansão[6],
Não é coisa que por brinco
Se frite num cangirão[7],

---

[3] Refere-se ao episódio bíblico narrado em II Macabeus, capítulo 7, sobre os mártires judeus — os sete irmãos Macabeus e a mãe deles — que são torturados e mortos pelo rei Antíoco por recusarem-se a comer carne de porco.

[4] Avultado, corpulento, forte.

[5] Incrédulo. Homem natural da Cafraria, costa oriental da África.

[6] Refere-se ao personagem bíblico conhecido por sua força sobre-humana. Para conhecer a narrativa sobre Sansão, consultar na Bíblia, o livro de Juízes, capítulos 13 a 16.

[7] Vaso grande de boca larga utilizado para guardar vinho.

Que se retalhe em fatias
Delgadas, como de pão.

Mas Deus que lhes deparava
Em sua alta providência
Tal fereza nos algozes,
Dava-lhes tal paciência,
Que haviam em pouco o trato,
Havendo o trato em clemência.

Hoje d'aquela virtude
Só a lição nos ficou;
O tempo nos foi comendo
O corpo, que assim leixou[8],
E té no esprito roído
De vez a fé desbotou.

Não pasmo disto, mas antes
De ver em povo d'incréus,
Quem tema o fogo divino,
Quem torne à casa de Deus,
Quando o pasmoso cometa
Alarga as asas nos céus.

Cegos! se todos vós fôsseis
Criados na escuridade,
Que faríeis lobrigando[9]
Deste sol a claridade,
Deste sol que sempre luze,
E pera vos luze embalde[10]?

---

[8] Deixou.

[9] Entrevisse, avistasse.

[10] Em vão.

Como insetos esmagados,
Alastrando[11] longe o chão,
Tontos de pasmo e de medo
Ficaríeis vós então,
Os olhos do corpo cegos,
Mas dentro d'alma o clarão.

E ainda mais — que faríeis
Vendo aquele sol divino,
Que cega os olhos do esprito,
Como de corpo franzino,
Se vendo este, qu'inda é terra,
Ficades tontos, sem tino?

Antes, Senhor, que me esqueça
Quanto fizestes por mim,
Lavai-me dos meus pecados,
Que eu como galas verti,
Levai-me desta amargura,
Levai-me, Senhor, daqui!

Levai-me, si, que eu não veja,
Mal de mim! com tanta dor
Vossos preceitos divinos,
Vossa doutrina d'amor
Trocada em usos de feros,
Na religião do terror!

Mas se isto vos não mereço,
Já vos não peço, senão
Que eu veja da minha vida

---
[11] Cobrindo.

Extinto e cego o clarão,
Antes que eu veja maldita
Esta mesma religião.

Antes que eu veja crianças
Pregarem às cãs[12] nevadas,
A correr de noite as ruas
Com folias e toadas,
Por ver asas de cometa
Imensamente alongadas.

Cant'eu, de mim o confesso,
São veloces[13] caminheiros,
Que por ordem lá de cima,
De más novas mensageiros,
Vão batendo d'astro em astro,
Como divinos romeiros.

Se contudo um Português
Al[14] dos cometas sentir,
Se esta desgraça presente
Neles não viu reluzir,
Dir-lhe-ei que ele não sente
O dó de Alcácer-Quibir[15].

Dir-lhe-hei... mas nada digo!
Eu alquebrado ancião

---

[12] Cabelos brancos.

[13] Forma antiga de velozes.

[14] Outra coisa.

[15] Refere-se à Batalha de Alcácer-Quibir que ocorreu em 04 de agosto de 1578 em Marrocos com a derrota de Portugal. O desaparecimento do rei português D. Sebastião na batalha desencadeou a crise dinástica (1578-80) e, posteriormente, a União Ibérica. Entre 1580 e 1640, Portugal foi governado pela Espanha, perdendo sua autonomia.

Hei mister[16] santo descanso
Pera[17] a minha devoção:
Sei que ser Português hoje
É crime d'alta treição[18].

Agora torno ao meu Santo;
A lenda aqui principia:
Dai-me, ó Santo milagroso,
Ajuda em tensão[19] tão pia.
Que um Santo, mesmo por ende[20].
Deve de usar cortesia.

Frei São Gonçalo era Abade
De São Paio na Abadia;
Era mancebo nos anos,
Mas como santo vivia;
Com toda a renda que tinha
Aos pobres seus acudia.

Era pingue[21] o benefício,
Bons benesses que ele tinha!
Bons portugueses antigos,
Boa prata comezinha[22]!
Já disso não vejo há muito,
Deve ser cegueira minha.

---

[16] Necessito de, preciso de.
[17] Do galego-português, para.
[18] Traição.
[19] Intenção, propósito.
[20] Isso.
[21] Farto, rendoso.
[22] Corriqueira, comum, banal.

Cegueira, sim; que se o reino
Era rico de pobreza,
Cavados tantos tesoiros
Em cada uma fortaleza,
Tanto arcaz[23] de feição moura
Cheios de tanta riqueza;

Por que então não vejo agora
Senão grosseiros ceitis[24],
E esses mesmos não tantos
Que se meçam por candis[25],
Ou então pesos d'Espanha
Só bem-aceitos por vis?

Mas é tal nossa mofina[26]
Que na minha sacristia,
Somados todos no cabo
Os fruitos de cada dia,
Não dão pera o óleo santo,
Que a mãe de Deus alumia!

É certo miséria grande,
E muito grande estranheza,
Que o povo leixe que os frades
Corram com toda a despesa,
Eles coitados que vivem
Em mais que parca estreiteza!

---

[23] Arcas grandes geralmente utilizadas na sacristia das igreas para guardar os paramentos
[24] Moeda antiga portuguesa que valia um sexto de real. Quantia insignificante.
[25] Antiga moeda asiática.
[26] Infortúnio, desgraça, desdita.

Mas Deus é o santo dos santos,
Ele nos há de acudir;
Assim fora eu São Gonçalo,
Que logo faria vir
Brocados[27] d'altos recamos[28]
Pera a Senhora vestir.

E uns paramentos ricos,
Como nunca os viu ninguém;
E lâmpada como aquela
Que em Benfica os Padres têm,
Uns castiçais de pé alto,
Umas galhetas[29] também.

Mas do Santo São Gonçalo
Era outra a devoção;
Todo-lo proe[30] dava aos pobres
Com tão largo coração,
Que não tomava um adarme[31]
De quanto tinha na mão.

Vivia como se fora
Dos seus pobres dispenseiro,
Tudo com eles gastava,
Que não somente dinheiro;
Fiava que Deus iria
Compondo o seu mealheiro[32].

---

[27] Estofo ou tecido entretecido de seda e fios de ouro ou prata, com desenhos em relevo.

[28] Bordados a relevo.

[29] Na liturgia, recipientes que levam água e vinho para serem misturados e consagrados durante a missa católica.

[30] Do galego-português, prol, em benefício de, em favor de.

[31] Coisa mínima.

[32] Lugar onde se guarda dinheiro, economias.

Trazia guerra travada
Co'o Demo, que o não deixava,
Os acicates[33] da carne
Com jejuns os despontava;
E tinha tão santa vida,
Que Deus o comunicava.

Isto não é coisa nova,
Antes coisa mui provada,
Que Deus não quer ser vencido
Em cortesia extremada;
Seja a prova aqueles Monges
Do deserto da Tebaida[34];

Que se foram cometidos
Do inimigo malino[35],
Vestido em pel[36]'d'alimária[37],
Como de um urso ferino,
Tão bem do céu, como orvalho,
Lhes vinha o favor divino.

Mas se um incréu me pergunta
Por que hoje disso não há:
Pergunto: — por que o deserto
Flores, nem frutos não dá?
Por que não corre a corrente,
Se a fonte exaurida está?

---

[33] Estímulos, excitações.

[34] Refere-se aos monges eremitas que viveram no deserto da Nítria a partir do século III. O mais conhecido dentre esses religiosos ascetas foi santo Antão.

[35] Maligno.

[36] Pele.

[37] Animal.

O céu é sempre benino[38],
Água não leixa de haver;
Se a terra pois não produze,
Se a fonte não quer correr,
É terra, é fonte danada;
Penso que al não pode ser.

Ora uma noite que o Santo
Rezava as suas matinas,
Ouviu uns doces acordes
Como das harpas divinas,
Que os anjos tangem cantando
Louvor às pessoas trinas.

D'aquele mar d'harmonia
Voz que não era daqui,
Despega-se, e diz ao Santo:
"Gonçalo, que fazes i[39]?"
"Oro, Senhor", lhe responde.
"Por todos e mais por mim!"

"É muito", a voz lhe tornava,
"É muito, mas tudo não;
Faze-te prestes romeiro[40],
Toma a vieira[41], o bordão[42],
Esmola polas estradas,
Caminho reto a Sião.

---

[38] Benigno.
[39] Forma do galego-português para "aí".
[40] Peregrino.
[41] Concha utilizada para identificar os peregrinos.
[42] Cajado, vara.

"Pascem no monte Oliveto
As cabras do Galaath[43];
Retumba no templo augusto
A voz medonha de Allah;
Ferve ali muita aravia[44],
Muito homizio[45] vai lá.

"Se entre os maus um bom existe,
Poupa Deus a quantos são;
Porém carreira arrepia:
Caminho vai de Sião,
Na boca o nome divino,
Minguada esmola na mão."

O bom santo alvoroçado
Apresta-se com trigança[46]:
Cumpre divino preceito,
Só nele tem confiança,
Que vagar por longes terras
Prazer não é, mas provança.

É nada o trem dum romeiro;
O Santo se apresta azinha[47],
Chama um parente lídimo[48],
Portas adentro o mantinha;
E entrega-lhe o seu rebanho
Com as ovelhas que tinha.

---

[43] Provavelmente refere-se às cabras de Gileade, citadas na Bíblia, especificamente em Cantares, capítulo 4.

[44] Língua árabe.

[45] Procurado pela justiça.

[46] Rapidez.

[47] Depressa.

[48] Correto, honesto.

Dá-lhe a prebenda[49] avultada,
E os mais benesses também,
Tudo com termos polidos,
Ou só de um santo, ou de quem
Só quer da vida o marteiro
E os prêmios que Deus lá tem.

E mui leal lhe encomenda
Seus pobres por derradeiro:
Ora lá vai caminhando
Aquele santo romeiro,
Pedindo a Deus em sua alma
Que lhe depare o marteiro[50]!

Que ação que trescala[51] a graça!
Que façanha peregrina!
Deixar o esposo prelado
A sua esposa divina,
E andar caminho da vida,
Vivendo vida mofina[52]!

Àqueles pobres, seus filhos,
Em vida seus bens legou!
Que mais fez aquele Padre,
Que o livro santo louvou,
Que ao filho dá bondadoso
De quanto, em bem, lhe ficou?

___

[49] Rendimento, benefício eclesiástico.
[50] Fora antiga de martírio.
[51] Exala.
[52] Dolorosa, desgraçada, infortunada.

Quem há i que hoje se arrisque
A perfazer tal empresa?
Aquele ardor atrevido,
Aquela santa afoiteza
Foi timbre d'homens antigos,
Homens de lhana[53] rudeza.

Não hoje, que o homem nasce
Franzino e fraco, inda mal!
Sem forças pera a virtude;
Só com valor infernal,
Pera as torpezas do crime
E pera o vício carnal.

Não hoje, quando o pecado
Usa de tanto disfraz,
Que só por artes malinas
E manhas de Satanás,
Pode o homem fazer tanto,
Como hoje em dia se faz!

Já vi em casa de um rico
Tal mesa com tal guisado,
Com cheiro tão penetrante
E adubo tão concertado...
Eu creio que só da vista
Ficava o jejum quebrado.

E vi também umas camas...
Delas não quero tratar:
Caí na conta que o Demo

---

[53] Franca, sincera.

Foi só quem nas pôde armar;
Senti vertigens de somno,
Sem o poder dominar.

Fugi do engodo malino
Clamando por Deus Jesus,
Na boca o santo exorcismo,
Na fronte o sinal da cruz,
Braços cruzados no peito,
Fronte metida em capuz.

Então acabei comigo
De crer no que disse Deus
Ao bando dos seus descip'los
E a turba dos fariseus,
Não ser azado[54] que um rico
Possua o reino dos céus.

E entrando na minha cela,
Vista a penúria que eu vi:
Clamei que Deus fora grande
E muito bom pera mim;
Qu'esta pobreza em que vivo,
Certo, lha não mereci.

Partira pois São Gonçalo,
Partira, mas não sem dor:
No seu amado rebanho
Leixando, em vez de pastor,
Aquele falso parente,
Que foi um lobo tredor.

---
[54] Propício.

Olhos outrora do falso
Baixados humildemente;
Ditos e falas de santo,
Meneio e gesto consente,
Fizeram-no ter por santo
Julgava assim toda a gente.

Aleive[55] não há que dure,
Sem que se descubra alfim[56];
Logo de posse do bolo
Mostrou-se o vilão ruim;
Mostrou-se, qual sempre fora,
Padre não já, mais chatim[57].

Intruso que não rezava
Nem sequer seu breviário;
Gastava dos bens dos pobres
Com boa sombra e doairo[58],
Pera si com mãos de rico,
Pera os outros — de usurário.

Gastava em mulas possantes,
Em caça de altaneria[59],
Em ter matilha adestrada
E bem provida ucharia[60],
Em ter vestidos mui finos
Barrados de pedraria.

---

[55] Falsidade, perfídia, fingimento.
[56] Enfim, por fim.
[57] Tratante, desonesto.
[58] Gentileza, elegância.
[59] Com aves de rapina.
[60] Despensa.

Trem real como ele tinha,
Por certo o não viu ninguém;
Cavalos de boa raça,
Falcões, açores também,
Criados e mesa larga,
Como hoje aqui poucos têm!

Quando saía a passeio
Todo garboso e luzido,
Ninguém diria ser Padre,
Senão duque esclarecido,
Ou senhor d'altos estados,
Ou infanção[61] destemido

Que o seu ginete[62] mandava
Com tal arte e bizarria[63],
Que ao passar no povoado
Donas de muita valia,
Lindos olhos concertavam
Nas grades da gelosia[64].

E muitas vezes passando
Junto à mourisca seteira[65],
Morrer aos pés do ginete
Vinha a seta mui certeira,
Com letra e primor de amores,
De amores maus mensageira.

---

[61] Antigo título de nobreza, inferior ao de rico-homem e superior ao de cavaleiro.

[62] Cavalo de boa raça, dócil e adestrado.

[63] Com elegância, com boa postura.

[64] Treliças geralmente feitas de madeira colocadas no vão de janelas para proteger da luz e do calor, e através da qual se pode ver sem ser visto. É uma estrutura comum na Península Ibérica herdada da arquitetura árabe.

[65] Abertura em fortificação para permitir disparo de armas.

Assim vivia este abade,
Enquanto que o verdadeiro,
Sem lar, sem teto, sem mesa,
Como pobre forasteiro,
Vagava por longes terras,
Vivendo como um romeiro.

Muitos anos são passados,
(Diz catorze a tradição)
Quando o divino romeiro,
Feita a sua devoção,
Torna do bento sepulcro,
Gasto e quebrado ancião.

Alva e rara cabeleira,
Coma prata, reluzia,
Rosto de rugas cortado,
Barba que ao peito descia
Homem de carne não era,
Senão pura notomia[66].

Dos anos e da moléstia
O corpo todo alquebrado,
Nos trajes pouco luzido,
Ou roto ou mal concertado;
À porta do novo abade
Batia o velho prelado.

Ergueu em voz já sumida
Um triste e piedoso brado,
Pedindo magra pitança[67]

---

[66] Forma antiga de "anatomia".
[67] Ração, alimento.

Com modesto gasalhado[68],
Que vem o pobre romeiro
Morto de fome e cansado.

Aquele pio reclamo
Acode medonho cão,
A cauda enrosca, e d'um salto
Investe ao santo ancião;
Rompe-lhe os rotos andrajos,
E arranca-lhe o seu bordão.

Acode o dono soberbo
Dizendo: "Vai-te, mendigo!"
"Senhor", retrucava o Santo,
"Primeiro ouvide[69] o que digo:
Morro de fome e cansaço,
Não tenho lar, nem abrigo!"

"Não me praz[70] ouvir-te agora",
Tornava o abade indino[71],
Mais que depressa esquecido
Que a opa[72] do peregrino
Ou que a murça[73] do romeiro
Esconde um ente divino.

"Sei", dizia, "que na capa
De piedoso romeiro,

---

[68] Agasalho, trato.
[69] Forma antiga para a segunda pessoa do plural do imperativo do verbo ouvir.
[70] (Me) apraz, (me) agrada.
[71] Indigno.
[72] Veste sem mangas e aberta aos lados, utilizada em cerimônias religiosas, especialmente pela Igreja católica.
[73] Capa curta que cobre os ombros, parte das costas e dos braços.

Vem gente de feio trato
E muito vil calaceiro[74]:
Bem é de crer, como eu creio,
Que és deles — por derradeiro.

"Desse teu rosto medonho,
Que boas novas não traz,
Digo que o vi nos milhanos
Das serras de Monsarraz[75];
És predador das estradas:
Juro por São Satanaz!"

Ouvido que foi tal nome,
Como de santo cristão,
Ao santo abade romeiro
Caiu-lhe o rosto no chão!
Dor que lh'entrara no peito,
Ficou-lhe no coração.

Que se ele era assim tratado,
Ele, vigário e senhor,
Que não seria dos pobres,
Que em vez de terem pastor,
Tinham por guarda e vigia
Faminto lobo tredor.

O santo ficou penado[76]
E cheio da contrição[77],

---

[74] Vadio, vagabundo.

[75] Milhano é um termo para designar aves de rapina. No trecho, no entanto, provavelmente se trata de uma localização de Monsaraz.

[76] Com sofrimento.

[77] Arrependido pelos seus pecados.

Que ao seu parente talvez
Foi meio de perdição,
E ao seu rebanho de mágoa,
E a si de muita aflição.

Alfim tornado do espanto,
Disse severo de si,
Com voz e tom d'agastado:
"Gonçalo sou, eis-me aqui!
Venho ora tomar-vos contas
Do que fizestes por mim!".

As frias mãos escarnadas
No seu bordão ajuntou:
Espera resposta dele.
Rosto nas mãos inclinou:
Prossegue; fundo suspiro
Do peito o velho arrancou.

"Certo que as vossas palavras
Mal dizem com o que dissestes,
Quando de vós me apartei;
Co'o que vos me prometestes,
Co'as lições que vos eu dei,
Com a fé que me vós destes!

"Dissestes: na tua ausência,
(Disseste-lo em hora má)
Qualquer das tuas ovelhas
Em mim abrigo achará;
Qual quer dos pobres que leixas
Aqui mantido será.

"Ora eis-me aqui!... e a mim próprio
Negas um pouco de pão,
Que só é de ser negado
Ou a precito[78] ou a cão;
Negas-me té gasalhado,
E o fogo do meu fogão!

"Levar daqui! sou Gonçalo;
Dá-me pois o meu lugar,
Dá-me as ovelhas coitadas,
Que eu não devera leixar,
Dá-me..." Não pôde o Santo,
Não pôde, não, rematar!

Sobre a fronte, calva e nua,
Viu descer grave pancada;
A testa de romania
Ficou em sangue lavada;
Aquele sangue bendito
Regou a terra danada.

Certo que os anjos no inferno
Sentiram muito prazer,
Vendo aquele mau prelado
Ação tão vil cometer,
E Santo tal afrontado,
Sem Deus lhe poder valer.

Mas o Santo milagroso
Que pôde tornar do pão,
Já não digo ázima[79] feia,

---

[78] Condenado, maldito, réprobo.

[79] Refere-se ao pão ázimo, sem fermento, consumido pelo judeus na Páscoa para lembrar a fuga do Egito.

Senão massa de cravão[80]
Triste, negro e inficionado[81],
Que nem era pera cão;

Que moveu rochedo enorme
Junto à ponte d'Amarante,
Chegando-lhe um dedo apenas,
Como se fora gigante;
Rocha que esforços baldara
De muita gente possante:

Que fez ele?... oh! nada fez!
Disse: "Deus o quer assim;
Sou eu criatura sua,
Bem é que ele mande em mim;
Não seja feito o que eu quero,
Mas o seu talante[82] — sim.

"É vossa a força que eu tenho",
Disse ele: "em uso a não pus,
Que também sobre o calvário,
Vós, Senhor meu, bom Jesus,
Nem o calvário afundastes,
Nem sovertestes a cruz.

"Porque se eu, filho do barro,
Ser mesquinho, ou verme, ou nada,
Tenho em mim força divina
É pera ser empregada

---
[80] Carvão.
[81] Infecto, repugnante.
[82] Vontade.

No que é mister, porque seja
A glória vossa exaltada."

Assim discorria o Santo
No seu profundo juízo;
Ora descansa no meio
Das glórias do paraíso:
Louvor a Deus! — e com isto
A lenda aqui finalizo.

Conto as coisas como foram,
Não como deviam ser;
Um Santo, mesmo porende[83],
Merece menos sofrer:
Julgo assim: Digam-nos sábios
Qual é o seu parecer.

Cant'eu — sabença da terra
Tenho por coisa ruim,
Que serve só pera glória,
Que é só vanglória; e assim
Que como é coisa de orgulho,
No fundo inferno tem fim!

O homem que for prudente
Só pelos frades se reja;
Creia no Papa e nas Bulas,
E na santa Madre Igreja:
O mais é coisa de fumo,
Não sei de quem valor seja.

---

[83] Por isso.

Que reze o santo rosário,
Dou de conselho também;
Que assim viverá na glória,
E vive-se lá mui bem,
Cantando hosanas eternos
Por tempos sem fim: *amen*.

Solau do Senhor Rei Dom João

Ora pois direi um feito
Do senhor rei Dom João,
Segundo que foi do nome,
Primeiro na devoção,
Primeiro mais que o primeiro,
Mais que nenhum rei cristão.

Nem sempre rezar no coro,
Nem sempre velar convém;
É mister[1] algum descanso,
Alguma folga também,
Entre o labor já passado
E o novo, que perto vem.

Ao duro mal que passamos
Algum remédio é mister:
E se a nenhum conhecemos,
Que mais nos há de valer.
Que recordar o passado
E contos dele fazer?

---

[1] Necessário, preciso.

É assim que no mar alto
O cansado mareante[2]
Luta em vão contra a tormenta
E contra o vento inconstante;
Negras vagas se encapelam,
Negra morte tem diante.

Quando naquele deserto
Lânguidos olhos estende,
Vê mar que ferve revolto
E chuva que do céu pende:
Como deixou seu alvergue[3],
O triste não compreende!

Sembram-lhe[4] então formidáveis
Os p'rigos que ele afrontou;
Figura risonhos quadros
Dos gozos que já gozou,
Do que na terra o convida,
Dos que na terra deixou.

Do que outrora foi passado
É mais do que vai passando,
Medonho e mau paralelo
Vai o mesquinho traçando;
Dor de espinhos penetrantes
O peito lhe está cravando.

---

[2] Marinheiro.
[3] Lugar de hospedagem.
[4] Parecem.

Dias lembrar já passados
E já passada ventura,
Quando o viver é tormento,
Tormento que sempre dura,
É certo desdita grande
E muito grande amargura.

Mas vede o que vai a vida!
É aquela aventurada,
Se dizemos verdadeiros:
Foi um dia, uma hora, um nada,
Não do pesar combatida?
Mas do prazer bafejada.

Semelha quem pola[5] calma
Um dia inteiro vagou,
Depois no marco da estrada
Cansado e triste quedou;
Ali tesouro sem dono,
Ventura sua, encontrou.

Era na santa semana,
Semana de devoção!
Com jejuns e penitências
Apresta-se o bom Cristão
Pera[6] os mistérios mais altos
Da mais alta religião.

---

[5] Pela.
[6] Para.

Quantas coisas que nos falam
Naquele passo sagrado
Daquele homem divino
Daquele Deus humanado,
Que por amor de seus filhos,
Ingratos, foi maltratado!

Não foi por ódio ou vingança,
Mas por dinheiro traído!
Por um homem refalsado.
Por um discip'lo querido;
Traído por meio infame!...
Um falso beijo vendido!

Foi mister por mor[7] tormento,
Que morresse polos seus!
Entregue por um eleito
Nas garras dos Fariseus,
Homem morreu polos homens,
Morreu judeu por judeus.

C'roou[8] a fronte sagrada
C'roa[9] d'espinhos tecida,
Correram dados infames
Em tábua vil, denegrida;
Em hástea[10] foi rematada
Túnica em sangue tingida.

---

[7] Maior.
[8] Coroou.
[9] Coroa.
[10] Haste.

Tormentos, baldões[11] e mofa
Quem mais do qu'ele sofreu?
Quem mais comprido marteiro[12],
Quem mais afronta e labéu[13]?
Tal foi que o homem divino
O rosto ao cálix torceu.

Tal foi que o Deus humanado
Disse ao Deus que era seu pai:
"Senhor Deus, s'inda é possível,
Do vosso intento tornai;
Este cálix de amargura
Dos lábios meus afastai!".

Carpindo[14] males alheios,
Quantos não vemos per i[15],
Quem nem sequer se recordam
De quanto sofreu por si,
Um Deus na cruz afixado,
Mil dores sofrendo ali!

Ante esta vítima augusta
Da mais feroz crueldade,
Cala quanto o homem sofre,
Quanto sofre a humanidade:
Tormento não foi como ele,
Não foi como ela impiedade.

---

[11] Impropérios, ofensas, infortúnios.

[12] Martírio.

[13] Desonra.

[14] Lamentando, pranteando.

[15] "per i": por aí.

E contudo alguns incréus
E refalsados ateus,
Guardam nas êxtasis todas
E mais os transportes seus,
Pera Sócrates que morre,
Que não pola dor de um Deus!

E não vê a cega gente,
Imiga[16] de toda luz,
Que longe que vai do Grego
Ao Nazareno Jesus,
E da masmorra ao calvário,
E da cicuta a uma cruz!

E aos efeitos da morte
Não atenderão também:
Se emparelhamos ideias
Às coisas que corpo tem;
Entre eles vai mor distância,
Que vai da Grécia a Belém.

Morre o Grego, e não dá fruitos[17];
Morre Jesus por nos dar
A lei do céu pera a terra;
Lei que só pôde lavrar
O sangue do bom cordeiro
Dos falsos Deuses no altar.

---

[16] Inimiga.
[17] Frutos.

Vivem algozes[18] daquele,
E uns homens apenas são;
Enquanto os algozes deste,
Em que povo de eleição,
Sumiram-se, como argueiro[19]
Nas asas dum furacão.

Era na santa semana,
Semana de devoção
Consigo mesmo propunha
O senhor rei Dom João;
"Confessarei minhas culpas,
Que além de rei, sou cristão.

"Ao Senhor, pai de nós todos,
Meus erros confessarei;
Que me dê força indomável
Pera guardar minha lei,
Pera punir os culpados,
Que além de cristão, sou rei."

Azinha[20] chamando um pajem
Lhe diz, e lhe ordena assim:
"Ide aos Padres Dominicos
(Melhor lhes quero que a mim),
Dir-lhes-eis que sou lá prestes,
Que vou comungar ali".

---

[18] Carrascos.

[19] Cisco, grânulo.

[20] Depressa, sem demora.

Veio logo o mensageiro
Com a mensagem real;
Receado qu'el-rei lhe dera,
Dá ele ao Provincial.
"É certo mercê mui grande",
Responde, "tenho-a por tal".

Ao padre Thomaz da Costa
Chama numa Ave-Maria;
Sabia o bom do Prelado
O muito qu'el-rei lhe qu'ria:
De tão lisongeiro acerto
Consigo mesmo sorria.

Demais que o bom do Prelado
Dizia com bem justeza:
"Prazer aos reis cá da terra
Não é nem uma vileza;
Praz[21] a Deus que lhes prazamos,
Pois vem dele a realeza".

Apresta-se[22] com trigança[23]
Tudo quanto era mister[24]:
Sabia o Padre Thomaz
Encargos do seu dever;
"Vergar colossos[25], dizia,
Quem tem posses de o poder?

---

[21] Agrada.
[22] Prepara-se.
[23] Pressa.
[24] Necessário, preciso.
[25] Estátuas gigantescas.

"Sob as mãos do jardineiro
Torto arbusto lá se ajeita;
Mas onde existe essa força
Que um rudo tronco sujeita,
Se a força é balda[26] no tronco,
Se o tronco a força rejeita?

"Em bem do pastor sagrado,
Que por mercê divinal
Vive no ermo escondido,
Como um singelo zagal[27];
Cura pastor de pastores,
Não de pessoa real.

"É fácil o seu encargo,
Pejo, nem dor lhe não traz;
Não é assim nos palácios,
Onde só vejo disfraz:
Vêm logo as razões de estado,
Inventos de Satanás.

"Vêm logo as leis cá da terra
Contrapor-se às leis dos céus:
Sede cristãos, reis senhores,
Ou então de todo incréus[28]!
Leis dos homens não se casam,
Não seguem as leis de Deus.

---

[26] Inexistente.

[27] Pastor.

[28] Incrédulos.

"Não ligueis num só consórcio
Terra feia e céu luzente:
Leis da terra a terra buscam,
Como a raiz da semente;
Leis do céu os céus procuram,
Como flor que o sol presente".

Era ali na pedra rasa
O senhor rei Dom João;
Ante o velho sacerdote
Fazia a sua oração,
As mãos em cruz sobre o peito,
Geolhos[29] postos no chão.

Armas que sempre cingia,
Toda-las tinha despido;
Não tinha sedas, nem joias,
Mas peito d'aço batido:
Era qual homem vivente
Em férrea prisão metido.

Curva-se um rei poderoso
Perante um homem de pé;
Perante um Padre coitado,
Que nada tem, nada é:
Lição profunda e subida,
Preceitos da nossa fé!

---
[29] Joelhos.

Portas adentro do templo,
Onde Deus eterno habita,
Onde aquele amor sem zelos
Somente os peitos agita,
Nas diferenças do mundo
Fiel cristão não cogita.

Foi assim na antiga Roma
Polas festas saturnais[30],
Folgavam senhor e servo,
Como se foram iguais;
Mas o que lá foi licença,
Aqui são leis divinais.

Aqui são todos curvados,
Todos — o servo, o senhor;
Aqueles que a vida fruem,
E aqueles que só tem dor;
Pobres que almejam a morte,
Ricos que à morte hão[31] pavor.

Nem é por vil comezaina[32]
Que ali reunidos estão,
Mas sim porque a Deus importa
Que não haja distinção
Entre irmãos, no pátrio abrigo,
Rezando a mesma oração.

---

[30] Festival romano em homenagem a Saturno que ocorria no solstício de inverno, ou seja, em dezembro. Durante o festival que durava uma semana havia um relaxamento da ordem e a inversão dos papéis sociais.

[31] Têm.

[32] Comilança.

Sobe assim aquela prece
Da multidão apinhada,
Qual lisongeiro perfume
Das flores d'uma grinalda;
Tem uma odor, outra espinhos
Outras tem cor, outras nada.

Era ali na pedra rasa
O senhor rei Dom João;
Já disse o *ego peccator*[33],
Já fez a sua oração:
O Padre vai ministrar-lhe
A hóstia da comunhão.

Tem no rosto grave e sério
Expressão nobre e subida;
Maneiras cheias de brio[34]
Em postura comedida,
Parece que vão mostrando
Quanto val'[35] o pão da vida.

Parece que mostra, quanto
Por vil e baixo se tem,
Merecendo honra tamanha,
Que a não merece ninguém;
Daí lhe vem ser humilde,
Nobreza daí lhe vem.

---
[33] Sou pecador.
[34] Dignidade, valor, honra.
[35] Vale.

Perfez-se o rito sagrado,
Vai ser dado o sacramento;
Principia el-rei — *confiteor* [36]—,
Quando naquele momento
Surge ao pé dele um guerreiro
De marcial ardimento[37].

Tinha feroz catadura[38],
Só aço e ferro vestia;
Polas grades da viseira
Raios de luz despedia:
Medonho e fero aparato
Nas sombras da sacristia.

Era o rei brioso e forte,
Homem de muito valor,
Mas olhos lançou à espada
A furto!... seja o que for,
Não creio que homens daqueles
Possam jamais ter pavor.

Em voz carregada e forte
Assim começa o guerreiro:
"Em nome do Senhor Deus,
Meu Padre, aqui vos requeira;
O senhor rei não comungue,
Pois que não é justiceiro".

---

[36] Oração penitencial realizada na liturgia católica em que se professa as culpas e roga-se pela misericórdia divina.

[37] Ousadia, coragem, atrevimento.

[38] Semblante, aspecto, aparência.

A hóstia das mãos do Padre
Caiu do cálix no fundo;
O rei carrega o sobr'olho[39]...
Certo não era jocundo[40]
Afrontar de rosto a rosto
As sanhas[41] de João segundo.

Era então fresca a memória
De um caso mau, miserando:
De noite se ergueu a forca;
Mas quando o sol foi raiando,
Não viu ninguém mais a forca,
Nem mais ao duque Fernando!

Contudo o bravo guerreiro
Sanhas do rei não quis ver;
Não há que lhe ponha embargos[42],
Nem que lhe possa empecer[43]:
"Senhor, sou Padre Tavares!"
Fita-o el-rei sem querer.

Depois lhe diz (que tal nome
Quebrara a fúria real)
"Em bem, meu bravo guerreiro!
Mas esse trem de que val[44]?
Somos em terras d'Espanha,
Ou somos em Portugal?"

---

[39] Sobrolho: sobrancelha.

[40] Satisfeito, alegre.

[41] Fúria, rancor.

[42] Empecilhos, impedimentos.

[43] Prejudicar.

[44] Vale.

"Senhor, não uso brocados[45]:
Vedes-me assim, e é razão,
Que havedes[46] os meus haveres[47]
Sem me leixardes[48], senão
Armas comidas no peito,
Armas gastadas na mão.

"Fui ter ao vosso palácio,
Ninguém me não conheceu;
Quantos ali são convosco,
Eu vos direi, senhor meu:
Nunca os eu vi nos combates,
Nunca na guerra os vi eu!

"Voltei d'ali, protestando
Jamais não voltar ali;
Conheceis as minhas armas,
Se não conheceis a mim;
Vesti-me a modo de guerra,
Vim ter convosco — eis-me aqui!

---

[45] Estofo ou tecido entretecido de seda e fios de ouro ou prata, com desenhos em relevo.

[46] Forma do galego-português para o verbo haver na segunda pessoa do plural do presente de indicativo; vós haveis.

[47] Bens, posses.

[48] Deixardes.

"As minhas alcaidarias[49]
De Port'alegre e Assumar,
Senhor rei, vós mas tirastes,
O que se chama tirar;
Ficavam perto da raia[50],
Mau azo[51] de guerrear.

"Das minhas alcaidarias
Eu tinha as rendas reais;
As guerras já são passadas,
Porque ora mas não tornais?
Mal cabe em reis a cobiça,
Senhor, se mas cobiçais.

"Nem porque o Velho guerreiro
Já nada vos presta e vai,
Vos deveis portar com ele,
Qual dono pouco leal,
Que o seu corcel de batalha
Despreza no almargeal[52].

"Assim que, Senhor, vos digo
Que vos não peço mercê;
Aquilo que me é devido,
Só peço que se me dê!"
Prouve ao rei aqueles ditos
E mais o jeito que vê.

---

[49] Cargo de alcaide, fidalgo que acumulava funções militar, administrativa e jurídicas sobre uma província e devia fidelidade ao rei.
[50] Fronteira, divisa.
[51] Ocasião, causa, pretexto.
[52] Terreno baixo onde cresce erva para pasto.

Depois a mão estendendo
Ao seu leal lidador[53]:
"Nós vos faremos justiça,
Assim como justo for;
Tendes a nossa palavra,
Seja-vos ela penhor!"

Alegre o Padre Thomaz
O seu mister rematou;
Hóstia tomada do cálix
Aos lábios do rei chegou,
El-rei dum copo doirado
Um gole d'água tomou.

Mimoso tempo d'outrora
Qual nunca mais o verei,
Nem tão inteiros sujeitos,
Um ao outro dando a lei:
No Paço o rei ao vassalo,
Na Igreja o vassalo ao rei!

---

[53] Combatente, lutador.

Solau¹ de Gonçalo Hermíguez

Não é mais aquele tempo
Em que era tudo lhaneza²!
Ações e vida e costumes
Desta gente portuguesa,
Por tal jeito se trocaram,
Que é hoje tudo impureza.

Não trato deste ou daquele,
Pois há em tudo exceções;
Mas trato da grande lepra
Que vejo i³ nos corações:
Desprezo do amor da glória
E apego às ruins tenções⁴.

Outrora, sabeis vós como
Garboso⁵ Donzel⁶ se havia
Por captar nobres extremos
Da moça que requeria,
Sempre grave, honesto e brando,
Sempre usando cortesia?

---

¹ Composição medieval épico-lírica de cunho melancólico. Essa forma de romance popular foi recuperada por autores românticos portugueses, como José Freire de Serpa Pimentel em seu *Cancioneiro*.

² Candura, singeleza.

³ Aí.

⁴ Intenções.

⁵ Elegante, distinto.

⁶ Denominação dada, na Idade Média, aos filhos de reis e fidalgos. Rapaz nobre antes de ser armado cavaleiro.

Não trescalava[7] pivetes[8],
Fitas, nem laços comprava,
Nem toda a manhã divina
Seus enfeites concertava,
Nem nos chapins[9] se revia[10],
Nem nos cabelos primava.

Não corria seca e meca[11]
Traz de mimosa donzela,
Que nas ruas lobrigava[12];
E por ver mais perto a bela
Não ia ao templo sagrado,
Somente por amor dela.

Nem as noites janeirinhas
Mais compridas e mais frias,
Levava mofino[13] amante,
Por baixo das gelosias[14],
Desenhando um rosário
De trovas e ninharias.

Jamais não foi esse o estilo
Do moço em armas novel,
Em que experto dedilhasse

---

[7] Exalava.

[8] Substância aromática que se queima para perfumar um ambiente.

[9] Sapatos.

[10] Deleitava-se.

[11] "Correr seca e meca": deslocar-se de um local a outro, percorrer vários lugares, viajar.

[12] Avistava.

[13] Infeliz, desafortunado.

[14] Treliças geralmente feitas de madeira colocadas no vão de janelas para proteger da luz e do calor, e através da qual se pode ver sem ser visto. É uma estrutura comum na Península Ibérica herdada da arquitetura árabe.

Na lira do menestrel,
No tempo em que, não domada,
Lutava a gente infiel.

Por mais que amores amasse.
Por mais que fosse gentil,
Ninguém n'o[15] vira a desoras,
Como homem de tenção[16] vil,
Como um ladrão que de medo
Vai passo e manso e sutil.

Não pedia manto às sombras,
Nem ao silêncio mercê,
Nem do sol se arreceava,
Como homem que pouco vê,
Nem da lua apelidada
A casta, não sei por quê.

Mas antes no anfiteatro,
Coberto de espectadores,
Onde mais povo corria,
Mais belas e justadores[17]
Na arena se apresentava
Com letra e tensões d'amores.

No meio d'aquela chusma[18]
D'arautos e passavantes[19],

---

[15] Em+o. Talvez aqui Gonçaves Dias tenha se valido de um caso de variante alomórfica que aparece na poesia medieval galego-portuguesa, que consiste na aglutinação da preposição 'em' com o artigo 'no, na' após forma acabada em consoante nasal.

[16] Intenção.

[17] Competidores, rivais.

[18] Multidão.

[19] Oficial da casa real a quem pertencia declarar guerra e anunciar as pazes.

Mantenedores do campo
Reis d'armas e circunstantes.
Feixes d'armas resplendentes[20],
Ondas de plumas brilhantes:

Entrava o novel guerreiro
No cerco dos justadores!
De alguma dona sisuda
Na charpa[21] trazia as cores;
Tinham amores às claras,
Porque eram nobres amores.

Silêncio! que soa a trompa,
A justa vai começar!
Entre si ferem mil lutas
Guerreiros a par e par:
Da lança feita pedaços
Voam estimas ao ar.

Levam logo mão da espada;
Que feios golpes se dão!
Abolam-se[22] capacetes,
Talham-se[23] arneses[24]; e a mão
Certeira através da malha[25]
Vai direita ao coração.

---

[20] Resplandescentes.
[21] Faixa de tecido, cinto.
[22] Amassam-se.
[23] Cortam-se, fendem-se.
[24] Armadura completa.
[25] Túnica medieval feita a partir elos de metal utilizada como proteção do corpo sob a armadura.

La soa de novo a trompa,
Proclama-se o vencedor,
Que aos pés da bela entre as belas
O seu troféu vem depor:
Ao mais valente a mais bela.
Ao mais gentil mais amor.

Era a lei — e até parece
De acordo co[26]'a natureza,
Que se compraz no consórcio
Da força co'a gentileza;
Mais alma com mais coragem,
Mais brio[27] com mais nobreza.

A abelha constrói seus favos
Em troncos alevantados;
E eis a hera graciosa,
Que em abraços apertados
Não cinge mesquinho junco,
Mas carvalhos alentados.

Boa era a lei! — mas eu creio
Que lhe descubra um senão;
Quem nos diz que o mais valente
Deva de ter mais razão,
Por que seja a sua dona
Como um vaso d'eleição?

---

[26] Com.
[27] Dignidade, valor, honra

Seria coisa de ver-se,
E coisa de mui folgar[28],
Ver um dragão de mulher,
Chamada a bela sem par,
À pura força de espada,
Sem mais pôr, nem mais tirar!

É bela: e al[29] não digais
Sob pena d'um fendente[30],
Que vem do céu, como um raio,
Provar ao vilão que mente,
Co'os dentes que tem na boca,
Como um perro[31] maldizente!

Fosse o caso como fosse;
É certo que daí vem
Às nossas donas de agora,
Aquele sestro[32] que têm
De amarem a militança[33]
Melhor do que a nenhum bem.

Qual não gosta de ser bela,
Ao menos de o parecer?
Enquanto muitas... Meu Deus
Eu me sei compadecer,
Sofro o mal que os outros passam,
Mais talvez que o meu sofrer.

---

[28] Divertir-se.
[29] Outra coisa.
[30] Aquilo que racha, fende.
[31] Cão.
[32] Mau hábito.
[33] Conjunto de militares.

Muitas há i, que eu conheço,
Que aqui na terra não são,
Senão porque as vós mandastes,
Meu Deus, por ocasião
De tédio e nojo ao pecado,
E morte da tentação.

Té[34] os moços, que as namoram,
Dirão no confessional,
Jurando por Deus eterno
E pola[35] vida eternal,
Que se falam dele e dela,
É puro aleive[36] e não al.

Vede pois qual não seria
O pasmo dessa donzela,
Proclamada ao meio-dia
Fermosa[37] como uma estrela,
Sem que houvesse aí no mundo
Coisa melhor, nem mais bela!

Logo no fraco bestunto[38]
Julgara, sem mais razão,
Que neste mundo mesquinho
É tudo engano e busão[39],
E té que a própria beleza
É coisa de convenção!

---

[34] Até.
[35] Pela.
[36] Injúria.
[37] Formosa.
[38] Cabeça.
[39] Variante de abusão. Ilusão, superstição.

Era assim que noutras eras
Garboso donzel se havia
Por captar nobres extremos
Da moça que requeria,
À ponta de fina espada
E arrojos de valentia.

No tempo de Afonso Henriques[40],
Que foi nosso rei primeiro
Havia na sua corte,
Corte de rei mui fragueiro[41],
Um tal Gonçalo Hermíguez[42],
Destemido cavaleiro.

Era moço e mui donoso,
De mui boa nomeada:
Fiava el-rei muito dele,
E a rainha Mafalda
Folgava de ouvir-lhe os cantos
Aos sons da lira afinada.

Portas adentro do Paço
Não tinha nenhum rival
Em compor trovas mimosas;
E no campo e no arraial
Não no havia mais valente,
Mais forte, nem mais leal.

---

[40] Afonso Henriques (1109?-1185), governante do Condado Portucalense, decidiu adotar o título de rei de Portugal a partir de 1139, obtendo o reconhecimento do imperador Afonso VII de Leão e Castela em 1143. Reinou até o ano de sua morte em 1185.

[41] Incansável, infatigável.

[42] Cavaleiro fidalgo e poeta português do século XII.

Quanta sanha[43] que ele tinha,
Votara à gente infiel,
Porque o pai lhe haviam morto,
Era ele ainda novel[44];
Vê-los porém não podia,
Nem pintados no papel.

Era o mesmo ver a um destes
E entrar logo em sanha tal,
Que era força ter mão dele,
Ou saltava-lhe ao gorjal[45]
Pera torcer-lhe o gasnate[46],
Como se fora um pardal.

Mas se tinham tento[47] nele,
Era outro conto ruim!
Caía logo em desmaios,
Que era um desmaio sem fim!
Dó era ver tal sujeito
Prostrado e defunto assim.

Andava sempre ocupado
Em perpétua correria
Polas[48] terras do mourisco,
E muito mal lhes fazia;
Dava porém mor[49] realce
Ao nome que já trazia.

---

[43] Fúria, ira.
[44] Jovem, novo.
[45] Parte da armadura que protege o pescoço.
[46] Garganta, pescoço.
[47] Atenção.
[48] Pelas.
[49] Maior.

Sendo ele e os companheiros
Em um sarau folgazão,
Lembrou-se que perto vinha
A noite de São João,
Azado[50] ensejo de aos Moiros
Fazer-se afronta e lesão.

Cheia de belo ardimento[51],
Aquela nobre nobreza
Por amor de seus amores
Comete tão grande empresa,
Qual a d'ir terras de Mouros
Com feros, ronco e braveza.

Qual apresta o seu ginete[52],
Qual a fita dependura
No colo nunca domado,
Qual a pesada armadura
Enverga, e aí se recolhe,
Como em arce mui segura!

Qual a Deus por testemunha
Toma da sua tenção,
Qual aos pés da sua dona
Requer-lhe extremo condão[53],
Extremo volver dos olhos,
Extremo apertar da mão!

---

[50] Propício, oportuno.
[51] Coragem, ousadia, atrevimento.
[52] Cavalo de boa raça, dócil e adestrado.
[53] Dom, qualidade especial.

Qual desli[54] toma algum nome
Por grito de acometer,
Que nas lidas e pelejas
Saberá fazer valer!
Qual sente o nojo futuro,
Em mal, que lá vai morrer!

Mas nunca será que o rosto
Mostre o que n'alma lhe mora:
Quem viu a morte passar-lhe
De perto, já não descora
Por um presságio funesto,
Sendo ele coisa duma hora.

Aqueles bons cavaleiros
Azinha[55] prontos estão;
Lá se partem de Coimbra,
Montes além já lá vão!
Ninguém viu mais escolhido,
Nem mais luzido esquadrão.

Entre eles por mais robusto
Gonçalo Hermíguez campeia[56];
Diz seu porte sublimado,
Que de nada se arreceia,
Mas antes que a todos repta[57],
De tanto que o colo alteia![58]

---

[54] Desde aí.
[55] Depressa, rapidamente
[56] Sobressai-se.
[57] Desafia, provoca.
[58] Ergue-se, eleva-se.

Caminho vão de Lisboa
Com todo apercebimento!
Não convém que se aprecatem[59]
Daquele acometimento[60]
Mouros que vivem na regra
Do seu alcorão nojento!

Sabeis a regra qual seja?
É viver dentro do harém,
Dizendo mal do toicinho
E mais do vinho também,
Sem que lhe pese este mundo,
Sem que lhe pese ninguém!

É vegetar entre flores,
É viver vida folgada,
Aspirando incenso e odores
Em moleza efeminada,
Nem que fosse uma odalisca,
Ou mulher alambicada[61].

Puseram todos a mira
Em Alcácere do Sal,
Covil de feras humanas,
Não de cordeiros curral;
Nó górdio[62] do vil mourisco,
O ferro o corta, não al!

---

[59] Acautelem-se, previnam-se.
[60] Acometimento, assalto.
[61] Afetada.
[62] Nó górdio: expressão que significa algo de difícil solução.

Os que por terra a demandam
Vão em procura d'Almada,
Alcáçova[63] dura e forte,
Em rija pedra assentada,
Como pedra preciosa
Em férrea c'roa engastada.

Outros lá vão Tejo arriba!
Ó Tejo, quanto me é grata
Essa plácida corrente,
Quando a lua se retrata,
Chovendo chuva de raios
No teu chão de lisa prata!

Que doce que é teu remanso,
Quando manso o vento gira,
Que nas folhas rumoreja,
E como que ali suspira
Melindres[64] d'amor suave,
Que nem tangidos na lira!

Que arroubos que infiltras n'alma,
Quando vai ao som das águas
Navegando o passageiro;
Já, se as tem, não sente as fráguas[65],
Que no peito a dor derrama,
Como uma enchente de mágoas!

---

[63] Fortaleza, castelo.
[64] Pudores.
[65] Amarguras, aflições.

Mas talvez dos cavos olhos
Polas faces a correr
Sinta o pranto represado
Polo seu muito sofrer:
Corra embora, qu'esse pranto
Dor não é, senão prazer!

Que neste val[66]'de amarguras,
Onde viemos penar,
Por cada dia um marteiro[67]
Por cada instante um pesar,
É bem feliz quem só passa
Dores que fazem chorar!

Não sei ledice[68] o que seja,
Nem o que seja prazer;
Nunca os senti nesta vida,
Nem nos posso conhecer;
Que não sou dos benfadados,
E nunca o não hei de ser!

Mas o pranto extravasado
Não é quem nos dá morrer,
Nem quem o viço dos anos
Faz secar e emurchecer;
É antes aquele pranto
Que não sabemos verter!

---

[66] Vale.
[67] Martírio.
[68] Alegria, contentamento.

Lá vão indo Tejo acima,
Olhos longos polo mar,
Lá onde enxergam Lisboa
Com fogueiras de espantar;
Fogo acendido na terra
Sobe em centelhas ao ar!

Daqueles fogos acesos
Em roda os velhos estão,
E as donzelas feiticeiras
Com sorriso folgazão[69],
Cantando coitas[70] de amores,
Quites de coitas então.

É a noite milagrosa
Do Bautista[71] milagroso,
Té dos mouros da mourama
Havido por glorioso:
Folgam nobres e senhores,
Folga o vilão descuidoso.

Horas de noite folgada
Não tardam, não têm vagar:
A noite assim do Bautista
Vai serena a escorregar,
Como areia da ampulheta,
Um grão e outro a tombar!

---

[69] Brejeiro.
[70] Sofimentos, aflições.
[71] Refere-se a São João Batista, considerado um profeta pelos muçulmanos.

Vai assim como o perfume
Respirado duma frol[72],
Que não vemos, mas sentimos;
Que sentimos no arrebol[73]
Da manhã, que pola terra
Se espalha em antes do sol!

Vai assim como o rocio[74]
De serena madrugada,
Rorejado[75] gota a gota
De branca nuvem prenhada
Sobre o cálice musgoso
De uma flor aveludada.

Vai assim, qual sói[76] prender-se,
Em quem de amores não cura,
Doce peçonha de amores:
Donzela de vida pura,
Quando há temores de havê-lo,
É qu'ele já não tem cura.

Do Alcácer as lindas filhas,
Já era nascida a aurora,
Pera ver uma corrida
Saíram portas afora,
E mais pera colher flores,
Persuadidas da hora.

---

[72] Forma arcaica de flor.

[73] Amanhecer, aurora.

[74] Orvalho.

[75] Pingado, banhado, orvalhado.

[76] Tem por costume, ocorre frequentemente.

Logo saídas no prado
Foram, qual soem de ser
Mansas águas dum regato
Em chão sem leito a correr,
Cada qual por seu caminho
Cada qual a seu prazer!

Desli pulando e cantando
Vão nas matas de alecrim,
Colhem a rosa corada
E a branca flor do jasmim;
Brincam brinquedos contentes,
Folgam folguedos[77] sem fim!

Oh! que festas! que alegrias!
Que arruído vai no prado!
Que bem cantando rimance,
Que solau tão bem cantado!
Não têm as aves atito[78],
Nem gorjeio mais brincado!

Oh! que vozes melindrosas,
Que acentos encantadores
Naquele prazer duma hora!
As moças vão colher flores,
E os moços que vão com elas
Vão lá por colher amores.

Eis nisto... estranho arruído!
Rouca trompa abala o ar;
Logo assomam cavaleiros

---
[77] Brincadeiras, folias.
[78] Grito agudo das aves.

Com figuras de espantar:
"Allah nos valha, mofinas!",
Dizem moiras a chorar.

"Allah!", repetem n'os Mouros,
Vendo o pendão português;
E do alfange[79] recurvado
Levam mão sem pavidez!
Feios golpes se preparam,
Outra folgança outra vez!

Retine o ferro no ferro,
Talham-se cotas e arneses;
O fino alfange mourisco
Abre o elmo aos portugueses;
E a espada que bem degola,
Bem multiplica os reveses.

Lá chega o alarma à Cidade!
Lá vem mouros descansados
Em descansados ginetes:
Cavaleiros esforçados,
Que chamam por São Thiago,
Não têm de que ter cuidados.

Gonçalo Hermíguez, o cabo,
Avante! brada e não al:
Brilha o valente nas lides,
Que ali não acha rival,
Aquele cabo entre todos
Sanhudo e forte e fatal.

---
[79] Sabre de folha larga e curva.

Maneja tão facilmente
O seu pesado montante,
Que Alcides[80] com sua clava,
E nem o Titã gigante,
Serra a serra sobrepondo
Não tinha aquele semblante.

Ei-lo vai per entre os moiros,
Abre entre eles larga estrada;
Quem fica em prisão de guerra,
Quem lá foge em debandada!
Ficam moiras prisioneiras,
Mulheres — gente coitada!

Gonçalo Hermíguez entanto
Viu que longe lhe fugia
Linda moira desmaiada,
Que um moço moiro cingia,
Dando d'esporas ao bruto,
Que mais que o vento corria!

Vai sobre eles sem tardança
Com quanto de arremessão
Matá-lo também pudera;
Certo o fizera, senão
Temesse que a moira bela
Morresse de sua mão.

Mais logo que foi com ele,
Dum golpe que despediu,
Cerce[81] o cortou pelo meio:

---
[80] O mesmo que Herácles.
[81] Cortar rente, pela raiz.

Golpe assim nunca se viu!
E a moira tomando em braços,
Azinha dali fugiu.

Passou terrível com ela
Por meio da gente fera;
Quem n'o vira tão sanhudo
Leão raivoso o dissera,
Passando ao través dos homens
Com a presa que fizera.

Eis nasce novo combate,
Nova peleja maior!
Muitos homens contra um homem,
Contra um forte lutador;
Mas um só que a todos vence
Em força, esforço e valor!

Mal podia a mão sinistra
Vibrar a sangrenta espada
Co'o pejo[82] d'aquela moira
Disputada e desmaiada,
Cujo corpo em dois pendia,
Como uma frecha quebrada.

Mas inda assim despedia
Um golpe e outra cruel:
E de encontro a este, àquele
Mandava o seu bom corcel,
Que a turbamulta[83] alastrava
Aos pés do nobre donzel.

---
[82] Estorvo, embaraço.
[83] Espalhava.

Quando a ventura é incerta,
Acerta em aventurar
Quem a empresa disputada
Tem desejos de acabar:
Só ele demora em terra,
Que os seus já são sobre o mar!

Torce as rédeas ao ginete,
Larga carreira arrepia,
Larga estrada co'o montante
Por entre os mouros se abria,
Despedia muitos golpes,
Muitos estragos fazia.

Chega a praia, os seus avista;
Mas os mouros perto vêm!
Como isto viu, torce o rosto,
Medonho como ninguém;
Temem-se mouros de o verem,
Param, como ele, também!

Vão assim feros monteiros[84]
Trás[85] d'um urso mal-sangrado,
Que de repente a carreira
Revira[86]; e volta agastado[87]:
Param monteiros ao vê-lo
Raivoso e mal-assombrado.

---

[84] Aquele que caça nos montes.
[85] Atrás.
[86] Volta na direção contrária.
[87] Enfurecido, raivoso.

E a fera daquele pasmo,
Sabendo em seu bem valer-se,
Vai a passos descansados
Em densa mata esconder-se,
Sem temor da monteria[88],
Sem dos monteiros temer-se.

Tal o forte Traga-mouros
Salta dentro do baixel[89];
Na praia ficam pasmados
Mouros, do feito novel,
Tamanho, que nem sonhado
Foi jamais por menestrel.

E os companheiros aos ventos
Desfraldam velas e panos,
Deixando as praias tingidas
Em sangue por muitos anos;
Quantos bastem, porque chorem
Seu desar[90] os muçulmanos.

Aos alegres companheiros
Disse o guerreiro feliz:
"Das presas, que nos fizemos,
Quero tão só a que eu fiz,
A moura que por seu nome
Fátima em Turco se diz!"

---

[88] Local onde corre a caça.
[89] Embarcação.
[90] Desgosto, revés de fortuna.

Então aquele seu canto
Principiou a compor:
Cant'eu por vergonha minha,
Em bem que o saiba de cor,
Digo que sal lhe não acho,
Nem sei de coisa pior.

Mas era o solau por certo
Aos tempos acomodado,
Que de outro cantar não acho
Que fosse mais decantado[91],
Nem Figueiral Figueredo[92],
Nem o Ficade coitado[93].

E a moira já batizada
Pertenceu ao lidador[94],
Duas vezes conquistada
Polo donzel, seu senhor,
Primeiro à força de espada,
Depois à força de amor.

Era assim naquele tempo
Coisa sabida e seguida,
Remanso depois da glória,
Descanso depois da lida,
E a fé que espera e milita
Nos atos todos da vida!

---

[91] Famoso, célebre.

[92] Refere-se à "Canção do Figueiral" publicada pelo frei Bernardo de Brito em 1609 na obra *Monarquia Lusitana* sobre o lendário tributo das cem donzelas. Durante o romantismo, atribuiu-se a autoria do romance a Guesto Ansur, cavaleiro e poeta do século VIII, que protagoniza a história salvando seis donzelas de serem entregues aos mouros como tributo e casando-se com uma delas.

[93] Provavelmente trata-se de um verso de canção ou romance.

[94] Combatente, lutador.

Vede vós quamanho[95] é o lucro,
Que lucra a moira pagã,
Desposando o cavaleiro,
Tornada e feita cristã;
É vida e sangue de um homem,
Não de infiéis barregã[96]!

É como troféu ganhado
Em guerras de religião.
Por algum peito devoto,
Que por sua devoção
Prometeu dependurá-lo
Dentro de templo cristão.

O canto aqui finalizo!
Não devo d'ir por diante,
Narrando casos da vida
Per natureza inconstante,
Trabalhos que sempre duram,
Prazer que dura um instante!

Foi o cabo dos amores
A moça moira acabar
E sobre um covão aberto
Um homem posto a chorar,
Um homem de dó coberto,
A carpir-se, a prantear!

---

[95] Quão grande (quam+magno).
[96] Amante, concubina.

Notas do autor

Sextilhas de Frei Antão

Estes cantos foram extraídos de alguns dos historiadores portugueses. Os da Princesa Santa e S. Gonçalo — da História de S. Domingos por Fr. Luiz de Souza —; o de D. João — dos Elogios latinos do Padre Antônio de Vasconcellos —; o de Gonçalo Hermíguez, da Crônica de Cister; o de Gulnare e Mustafá é todo fantasiado, ainda que tenha por base um fato histórico — os escravos mouros trazidos d'África por Afonso V de mimo a princesa D. Joanna, que lhes mandou passar Carta de alforria a quantos se quiseram batizar. Quanto aos vocábulos que emprega, acham-se todos no Dicionário de Moraes, bem que as mais das vezes no sentido antiquado. É assim que uso de "porém", "porende", em vez de "por isso"; de "perol", em vez "porém"; de "ora", "embora", em vez de "agora", "em boa hora"...

Loa da Princesa Santa

"Ante os leões de Castella
Curvada a lusa cerviz!"

Figuro terem sido compostos estes cantos na primeira metade do século XVII; por isso aludo frequentemente ao domínio dos Felippes em Portugal. Assim é que lemos no rimance de Gulnare e Mustafá:

"O dó de Alcácer-Quibir."

E no solau do Senhor rei Dom João:

"Ao duro mal que passamos [...]."

Escusado é dizer-se que deveria ter sido Frei Antão dos mais teimosos macróbios que nunca existiram, para ser ainda em vida por aquele tempo. Não se sabe de quando foi da sua morte; mas dele diz Frei Luiz de Sousa, que em 1490 já era muito velho, e tinha administrado grandes cargos na ordem de S. Domingos, a que pertenceu.

Gulnare e Mustafá

Diz a Princesa D. Joanna:

"Que eu tenha escravos e mouros,
Rainha de Portugal."

A Crônica de Cister tão bem diz, falando da Princesa D. Thereza, filha de Sancho I.

"Vivendo a santa *rainha,* foi Deus servido levar para si a el-Rei seu pai, a quem sucedeu o reino dom Afonso o segundo do nome."
L.C.6.32.

"Rainha", diz Fr. Luiz de Sousa, "lhe chamam as histórias antigas, que era o título com que então se tratavam as filhas dos reis."
H. de S. D. — L. i.C. ii.

Lenda de S. Gonçalo

Bom santo foi São Gonçalo,
"Pesar que foi português!"

Não escrevo sátiras: quer isto dizer que foi tão grande santo S. Gonçalo, que apesar da sua nacionalidade, mesmo os seus, conquanto desprezem tudo que lhes pertence, o apregoam e celebram. É frase de todas as suas crônicas, ou antes imitação daquele muito celebrado conceito de um dos seus clássicos.

— "por natureza
E constelação do clima,
Esta gente portuguesa
O nada estrangeiro estima,
O muito dos seus despreza."

"Bons portugueses antigos."

Português — moeda antiga de Portugal do valor, creio eu, de quinhentos réis.

Solau de Gonçalo Hermiguez

"Então aquele seu canto
"Principiou de compor."

É este o solau de Gonçalo Hermiguez. Julguem os entendedores da crítica de Fr. Antão.

"Tinherabos, nam tinherabos.
Tal a tal ca monta!
Tinheradesme, nom tinheradesme,
De Ia vinherades, de ca filherades
Ca amabia tudo em soma.

"Per mil goiuos trebelhando
Oy oy bos lombrego
Algorem se cada folgança
Asmei eu; per que do terrenho
Nom ahi tal preschego.

"Ouroana, Ouroana oy tem per certo
Que inha bida do biber
Se aluidrou per teu aluidro per que em cabo
O que cuei de Ia chebone sem referta,
Mas não ha per que se ver."

grupo novo século

Compartilhando propósitos e conectando pessoas

Visite nosso site e fique por dentro dos nossos lançamentos:

www.gruponovoseculo.com.br

<ns

- facebook/novoseculoeditora
- @novoseculoeditora
- @NovoSeculo
- novo século editora

gruponovoseculo.com.br

Edição: 1ª
Fonte: Eb Garamond